若見えの呪い

地曳いく子

集英社文庫

80's ハマトラ

80年代初頭、横浜・元町発のハマトラは、ポロシャツ、ベスト、トレーナー、カーディガン、タータンチェックの巻きスカート、ハイソックス、パンプスが基本スタイル。地元の名門女子大生が身につけるイメージとして『JJ』誌から広まった。
写真提供:神奈川新聞社

いわゆるお嬢さま（？）のスタイル。ハイソックス、フクゾーのトレーナー、ミハマのフラットシューズ、さらにレイヤーの入ったセミロングヘアで決めたこのスタイルは、まさに敵なし。最強の〝オトコ受け〟ファッションでした。当時は結婚が永久就職と言われた時代でもあり、一生の就職先（ダンナサマ）を狩りに出かけるにはもっとも適した服装だったのです。四年制より短期大学に進む女性がまだ多かった時代ですね。そんな彼女たちの溜まり場は、ホテルニューオータニのダイニング「トレーダーヴィックス」などでした。

80's オリーブ

『Olive』(83年12月3日号)特集「オリーブ少女は、リセエンヌを真似しよう!」巻頭扉のイメージより(写真:久米正美 スタイリスト:近田まりこ)。リセエンヌとはフランスの中・高校生のこと。アイデアで古着を着こなしたりと、自由なおしゃれ精神をそこから学ぼうという提案。
写真提供:マガジンハウス

ハマトラ娘に対抗するかのように出てきたのが、オリーブ少女。隣にいる男性の姿が想像できないくらい、個性的に自分のおしゃれを追求していました。とにかくパリのリセエンヌに憧れていたんですね。ほら、あなたのおうちにもあったでしょう? カフェオレカップ(笑)。オリーブ少女たちは、渋谷の文化屋雑貨店やパリス スキャンダルにたむろして、ベレー帽やおしゃれ食器に夢中になっていました。フランスの映画やアートなども愛した彼女たちは、後にヴィレッジヴァンガードに出没するサブカル腐女子の原型かも。

90's ジュリアナ

「ジュリアナ東京」（正式名称「JULIANA'S TOKYO British discotheque in 芝浦」）に集まる女性たちは、ワンレン・トサカ前髪・ボディコン・爪長・ハイヒールで、お立ち台でジュリアナ扇子（ジュリ扇）を振るのがお決まりスタイルだった。

写真提供:東洋経済／アフロ

パンツが見えそうなボディコンミニドレスに身を包み、ジュリアナ東京のお立ち台で〝ジュリ扇〟を振り回していた彼女たち。こうなってくると、オトコ受けを狙っているのか自己陶酔しているのかわかりません。一般男性は指をくわえて見ているしかありませんでした。VIPルームに入れる一部のお金持ち男だけが、彼女たちをお持ち帰りできたのです。このころのディスコは、女性はフリー（無料）で入れたりと良き時代でしたよね。彼女たちは、後に『NIKITA』誌が打ち出した艶女（アデージョ）へと変貌を遂げます。

21th ブリジット・マクロン

1977年生まれのマクロン氏は、高校生だった15歳当時、同級生の母であり、フランス語教師だった24歳上のブリジットさんに告白。その後エリートコースを歩むが、遠距離交際などを経て2007年に29歳でブリジットさん(当時54歳)と結婚した。

写真提供:Getty Images

そんな夢のような二十世紀バブルの時代を経て、いまは浮かれてはいられない厳しい時代に。永久就職したはずの彼女たちも、パートタイムで働くなど予定外に共働きをしている人もいます。そこに現れたのがマクロン仏大統領夫人ブリジットさん。新しいフェミニズム、男女平等のアイコンともいえる彼女は、自由で新しい恋愛とファッションスタイルを私たちに提示してくれました。「若見え」でもなく、「ぶりっこ」でもない。彼女のナチュラルファッションは、私たちがこれから進むべき道かもしれません。

CONTENTS

第二章　〝脱「若見え」〟の処方箋　55

はじめに

「若見え」――近頃よく聞く言葉ですね。

とくに私たちアラフォー、アラフィフ、アラカン世代をターゲットにした雑誌や商品のキャッチコピーによく使われる宣伝文句。確かに魅惑的な文句ですがあまりにそれにとらわれ、間違った方向にがんばって逆に**「老け見え」**になり、無理しすぎたイタいおばさんになっていませんか？

そのことについて考え出したのは、数年前にタイで「自称エリコ」さんが逮捕された映像を見たときです。

また同時期にフランスの大統領に就任したマクロン氏の奥さまブリジットさん。年を隠すことなく素敵ですよね？

「自称エリコ」さんとブリジットさんは共にほぼ同年代で、年の離れた若いパートナーがいます。

二人の違いはなんでしょう？

「自称エリコ」さんはショートパンツに肩を出した流行《はや》りのカットオフトップス、フーディー（フード付きパーカー）、頭にカチューシャ、脚も真っすぐでキレイだし、二百メートルも離れて遠目で見れば、まあギャルに見えました。「六十歳過ぎてこれはすごい！　若見え、美魔女のお手本では？」と思い、ちょっと感心しました。

がっ！　アップで映るとどこか変。メイクにおばあさんセンスと古臭さが見え隠れしてなんだかイタい。

「若見え」のゴールってこれ？

お金と時間をかけまくって努力して手に入れた「美魔女」の果てはこの姿？いくら何でも年齢をサバ読みすぎ？

同年代女史の反応は「彼女がんばったよね」とか相憐れむ的なものも多かったのですが、若い子や男性の判断は一様に「気持ちが悪い」とバケモノ扱い。

「自称エリコ」さんの気持ちもわかります。誰でもおばさんやおばあさんになんて見られたくありませんよね。私もそうです。

では「自称エリコ」さんはどこで失敗してしまったのでしょうか？

いくら「若見え」で若作りしたとしても、年齢を極端に詐称しすぎました。彼女が経験してきたことの重さで精神的に年を取っています。タイで若いボーイフレンドと暮らしていたのも、時代や文化的なことを話題にしなくてすんだからではないでしょうか？　もし、日本で若いボーイフレンドを作っていたらカラオケに行って歌ったりすれば一発で年がバレますから。

それに比べてブリジットさんはシワを隠すことなく生き生きと健康的なメイク、バカンスで日に焼けた脚でミニスカートをはきこなし、お嬢さまとのツーショットのスリムデニムも大人の迫力で着こなしています。

娘さんと同じ年の旦那さまとも違和感なくお似合いのカップルに見えます。それは彼女が年を偽ることなく、新しい今の六十代スタイルで勝負しているからではないでしょうか？

「若見え」の極端な代表が「自称エリコ」さん。

「経年美化」の代表がブリジット・マクロンさん。

極端な例かもしれませんがこの二人に私たち世代のこれから進むべき道のヒン

トがあるのだと思います。

イタくなく、ババアと罵られることもなく、今の年齢を受け入れておばさまなりに美しくかっこよく生きる方法があるはずです。


それに私たちは今まで否定的に使われていた「バブル世代」。それも悪いことではありません。いやでもバブルを経験してきた世代、私たちならではのポジティブな考え方は、お気楽すぎて時には若い子に嫌がられますが、こんな時代だからこそうまく活かせばハッピーに生きられます。バブル期の一億総ブランド好き時代で培った「良いものを見分ける目」もあります。

それが**「バブル・フォース」**。

バブル・フォースは諸刃《もろは》の刃《やいば》ですが（お金使いすぎとか調子乗りすぎとか。笑）、今の時代用にアップデートしてうまく使えば、かなり楽しく生きられるはずです。


新しい「素敵なおばさま」についてこの本で探っていきたいと思います。

若見えの呪い

第一章

「若見え」という呪い

出資法違反の疑いで潜伏先のタイで逮捕され…
交際相手にはエリコと名乗り
ぎょっ
カチューシャ
肩見せ
ショートパンツ
自称エリコさん
ひぃぃ…62歳でこの格好!? 38歳と偽り…って偽われてねえよ!!
…でも自称エリコさんほどではないが、たまにいるよね…。
私が昔、宅配のアルバイトをしていた時…
イラストだけでは食べられなかったので
カツヤマケイコ(27)
配達先に見事にオッサンばかりの会社があったのですが受付係は唯一の女性でした。
いつもご苦労様です〜
声も仕草もかわいらしいが
けっこうなお歳…。
メイクが古い
ファンデが白浮きしている
髪型が80年代アイドル風

○○ちゃーん コレどうなってるー？
それでもオッサンばかりの職場ではアイドル扱いを受けていた。
はーい♥
私服を見かけたこともあるがかなりの少女趣味。
日焼け防止ロンゲ手袋（レース）
バイト帰り↓
し…白いパラソル!!
きっと自分が一番輝いていた時代から抜け出られないんだろうな…。
老い
YOU! その玉手箱あけチャイナ☆
この手の人は昔は美人で相当モテていたと思われる…。
あー 中の下でよかったー
若さに未練なし!!
ワーハッ
…なんて思っていた私も40歳を過ぎた頃から『年相応』がわからなくなってきました…。
ターバンはアリ？ナシ？
古着はアウト？
ん？
こ、これは地曳いく子さんの新刊!?
「若見えの呪い」!?
若見えの呪い
これやがなー!!

自称エリコという「若見え」のゴール

「エリコって誰?」と思っていませんか?

エリコとは、有名企業へのつなぎ融資名目などで違法に資金を集めたとして、二〇一七年に熊本県警が出資法(預かり金の禁止)違反容疑で逮捕した山辺節子《やまべせつこ》容疑者のこと。そう、「自称エリコ」さんのことです。

「自称エリコ」さんといえば、ショートパンツですよね。そして肩出しトップスにカチューシャ。若者には気持ちの悪い人としか映らなかったかもしれません。

でも正直なところ、私たち大人世代は、「自称エリコ」さんを見て、憐れみというか同情というか、そんな気持ちを感じませんでしたか?

もしちょっとでも感じたら、

あなたは今の「若見え」押しつけの風潮に疲れています！

「自称エリコ」さんはイタい。

なぜそうなのかというと、六十代なのに三十八歳に見せようとしたからです。ファッショントレンド的には、今どきの若者路線のショートパンツをはいたりして、間違ってはいない。でも、本当は六十二歳（当時）ですから。

二十四歳もサバを読んでしまったら、もうそれは、ホラーです。

だからひずみが出て、逆に「老け見え」しちゃった。若い人たちから見たら「キモいシーラカンス」です。もしも四十六〜四十七歳のいい女風にでもしていたら、イタくなかったかもしれません。

〝「若見え」エリコ〟は、自分から求めて作り上げたのではなく、時代に求められてできあがりました。

求めたのは、タイで待っている若い恋人ではありません。「若見え」をもてはやす、世間でした。

「自称エリコ」さんは「若見え」を求められ、本当は六十二歳なのに三十八歳と偽り、せっせとお金と手間をかけた結果、バケモノみたいになってしまった。がんばりすぎちゃったんです。


ここで質問。

実はあなたも、もっともっと、「若見え」しなくちゃいけないと思い込んでいませんか？　年相応なんて耐えられないって。

もし思っているとしたら、世の中から思い込まされているだけなんです。

それこそが、「若見え」の呪い。

そして、がんばった結果の**「若見え」のゴールは、「自称エリコ」**さんです。


じゃあ、私たち大人世代すべてが、やみくもに「若見え」をがんばっているかというと、そうでもないんですね。

心のどこかで、「若見え」に疑問を感じ始めているんです。「若見え」の呪いにうすうす勘づいている。このままいったら「自称エリコ」さんになってしまうことにも気づいている。
だから、「自称エリコ」さんに同情しちゃったんです。

疑問を感じているあなたは正しい。
今こそ声を大にして言います！
「若見え」の呪いから、自分を解放してあげよう！

玉手箱を開けちゃった自称エリコ

ところで、初公判の様子を描いたイラストの「自称エリコ」さんの姿、ごらんになりましたか?

髪はグラデーションで白髪になり、年相応になっていましたよね。

そうなんです。

「自称エリコ」さんは、玉手箱を開けちゃったんです。

「若見え」にはいつも玉手箱の罠《わな》が付きまといます。

「若見え」はもちろん悪いことではないけれど、「若見え」の魔法がよく効くのは四十代前半まで。以降は、魔法をかけても、効きが悪くなる一方です。下手をすると呪術になっちゃう。

でも、効果が小さいからといって、エスカレートしすぎて無理をすると、「自称エリコ」さんのようなことになってしまいます。

「自称エリコ」さんは「若見え」の呪いの果てに、**若い人と同じ土俵で勝負**してしまいました。なんと、初々しさとかわいらしさで勝負してしまった。六十二歳なのに。人生経験などがいろいろたまって初々しさのないオバサンなのに。

でも、外見は若作りしても、精神は初老です。結果は「若見え」どころか、「老け見え」でした。

「自称エリコ」さんのように、「若見え」をせっせと励むほど、玉手箱の中には、「老い」がたまっていきます。

その「老い」を、「老け見え」されたくないと思って閉じ込めていると、開けた途端に魔法が解け、いきなり本当の姿に変身してしまいます。

たまった「老い」は出さないいんじゃなくて、うまく逃がしていくといいんです。

ため込んでしまうと大変なことになります。パンパンになってしまったら、結局のところ、「自称エリコ」さんのように、老いを閉じ込めた「玉手箱」が爆発して「老い」が漏れ出てしまう。加速増大してしまってからでは手遅れなのです。

いつ、自分の実年齢とむき合うか？　難しい問題ではありますが、誰でも実際に年はとるのです。どうやってかね合いをつけていけばよいのでしょう？

年齢詐称もほどほどに！

「自称エリコ」さんがイタく見えたのには、まだ理由があるんです。もっとはっきりした理由です。ここではその理由について考えてみましょう。

〝二割引きの法則〟って、ご存じですか？

「若見え」年齢の法則です。

まずは、自分の年齢の二割の数を出してください。さらに、その数を、自分の年齢から引きます。

たとえば私は六十一歳ですから、その二割は十二。六十一から十二を引くと四十九ですね。

実は、この四十九歳が、私の「若見え」年齢の限界だと思うのです。

二割はぎりぎりのラインですから、失敗が少ないのは、一割から一・五割。私の場合は、五十二～五十五歳ぐらいです。

「自称エリコ」さんは、六十二歳なのに、三十八歳と年齢詐称していましたよね。

実年齢から引くこと四割。いくらなんでも値引きしすぎ！　だからイタくなってしまったのも当然なんです。

とはいえ、限界以上に「若見え」年齢を設定している人は、意外と多いのです。

私だって、ついこの間まで、気持ちのうえでは、三十六歳ぐらいを想定していました（笑）。

なんでそうなってしまうのでしょう？

ここでもう一つ法則をご紹介しますね。

それは〝一年の人生経験は、それまでの人生経験の、年齢分の一である〟というもの。

小学生のときは、夏休みフォーエバーだと思っていましたよね。十歳の子の一年は、その子の人生経験の十分の一だからなんです。ものすごく充実しているから、長く感じるんですね。

一方、私たち世代、たとえば私なら、一年は一生分の人生経験の六十一分の一になってしまう。軽い**浦島太郎状態**です。夏なんて、あっという間に過ぎます。夏が終わったことにすら気づかないほど。

こんなこと、よくありませんか？

「賞味期限はずっと先だから、まだ使わなくて大丈夫ね」なんて思って、放っておいたレトルト食品や瓶ものを、ある日使おうとすると……。つい先月買った物のように、まだ大丈夫だと思っていたのに、日付を見たらとっくの昔に期限切れしていた、とか。

最後に台湾に行ったのは、去年のことだと思っていたのに、実はすでに五〜六年経《た》っていた、なんてことも、日常茶飯事ですよね。

「若見え」も、同じことなんです。

私は四十歳くらいのときにコーディネート年齢三十二歳を想定していて「まだいけるわ」と思っていました。それからも毎年実年齢は重ねていたわけですが、一年が早すぎて、想定年齢を意識しなかった。というよりも、意識できなかった。気づいたときには、「若見え」想定年齢と実年齢にものすごくギャップができていたんです。


ここで問題なのは、知らないうちに世の中がアップデートしているということ。自分がいつの間にか時代からずれていることに気づいていないんです。だから、自分では同じかなと思って、厚塗りの昔のファンデーションを塗ってしまったりする。今のトレンドは薄づき＋コンシーラーなのに。

そのうえ「若見え」を求められてしまうから、情報はアップデートしていないのに、自分のなかだけでどうにかしようと思っちゃう。数年前、ひどいときには十年以上前の情報しかないのに。自分が一番イケていた時代の流行を再現してしまう。

その結果、よけいに「老け見え」してしまうんです。

それに、一番コワいのは、「若見え」想定年齢と実年齢のギャップや情報の古さに気づいたときの、ショックです。

急に現実が見えて、がく然としてしまう。

無理な「若見え」に耐えきれなくなって、「若見え」の壁が崩壊しちゃったような感じ。ものすごい衝撃があるんですね。

ひどいときには、ファッション鬱になってしまう。

そんなショック状態が、年齢詐称過多なんです。

では、年齢詐称過多は、乗り越えられるものなのでしょうか？

もちろん、乗り越えられます。

鍵は、「おしゃれアバター」です。

「アバター」とは「化身」という意味で、最近では仮想空間での自分の分身のキャラクターを指して使われます。つまり、「おしゃれアバター」とは、「若見え」想定年齢の自分の分身のこと。これをうまく使えるかどうかがポイントになるんです。

詳しくは第二章でご紹介しますね。

劣化警報！　「老け見え」ご注意

私はコスメが大好きで、オタクと言ってもいいくらい。
なんですけれど、たまに、プロのメイクの方と話すと、さすが！　常にアップデートしていて、びっくり、どっきりすることも多く、とても勉強になるんです。コスメそのものも、手法も、日々進化しているってことなんですよね。

今、時代そのものがものすごく進化していて、私たちは、黒船が来たときぐらいの時代の変化のなかにいると思うんです。

ＳＮＳとかスマホの情報量もハンパではなくて、私でさえ追いつくのがキツいときもあるほど。

実際の商品も、コスメやメイク用品はもちろん、服だって、私たちが若いころには考えられなかった変化を遂げています。

それはありがたいことなんですが、マイナス面もあるんです。

たとえば服。着ると楽なストレッチ素材、それが曲者。着るのに楽で便利だけれど、何年か経つと劣化する素材で生地全体に入っている。

自然素材だけのころは、パジャマのゴムが伸びちゃったら、ゴムを取り替えるだけでよかった。でも、今は全体的に劣化してしまうので、全取っ替えするしかないんです。しかも全体的な劣化なので、目立ちにくい。

化粧品もそうです。単純な成分でできていないから、一度開封してしまったら、どんどん劣化していきます。劣化したものを顔に塗るのは、あまりよくないことですよね。でも、一見しただけではわかりにくいんです。

〝年齢分の一〟問題で考えると、のんびり構えているうちに、数年経っているわけですから、私たち大人世代は、よくよく注意しなくちゃいけないんですね。

製品の質もそうだけれど、口を酸っぱくしてあちこちでお話ししているように、今のトレンドって難しくて一言でコレって言えない。コスメなら色やツヤ感など、服ならシルエットやディテールなど一目ではわからないトレンドが、確実に微妙ながら変化をし続けています。

だから、「私はやっぱりこれがいちばん似合うのよ」と、昔のもので昔の手法を守っていて、それこそが「若見え」だと思っている人は、本当に要注意。質も悪く見た目も古いから、どんどん老けて見えちゃうんです。

若い子なら同じメイクをしても、逆にレトロな感じで今どきに見えるかもしれないんですけどね。

私たちがいちばん陥りやすい「罠」は、自分が若くてイケていたときの流行スタイルを再現しようと努力しちゃうこと。それは「昔の流行り」＝「古い終わったスタイル」をまたやってしまうことです。

若い人から見たら**「古い・昔の人スタイル」**にしか見えません。

せっかく努力したのに悲しいですよね。

魔女と白雪姫

私たち大人世代は若い人と同じことをしても勝負にならない——このルール、実はおとぎ話にも出てくるんです。

たとえば、ご存じグリム童話の『白雪姫』。

魔女が鏡に向かって「鏡よ、鏡。世界でいちばん美しい女性は誰？」と尋ねると、鏡はいつも「あなたさまです」と答えていました。ところがある日、鏡は「白雪姫」と真実を答えます。自分よりも美しい女性が出現したことが許せず、魔女は白雪姫を亡きものにしようと企《たくら》みます。

童話では企みは成功しませんが、たとえ成功したところで、結局魔女が白雪姫になれるわけではありませんよね。

オバサンの魔女はオバサンのまま。

どんなに見た目を「若見え」させようとしても、魂は老いている。それはいつかバレてしまうんです。

自分の子どもくらいの年の若い子とまったく同じスタイルで張り合っても、失敗するだけ。なぜなら、若いというだけで、服が似合っていようが似合っていまいが、素敵に見えてしまうんですから。

このことは、すでにおとぎ話に描かれていたんですね。

魔女は魔女のまま、オバサマはオバサマのままで、きれいだったらそれでいいと思います。


ちょっとここで、コワい話をしますね。

私、母に呪いをかけられた気がするんです。

母が今の私ぐらい、つまり六十一歳ぐらいのときのこと。私はまだ二十代です。若いというだけで、何でもそれなりに着こなせました。

そんな私に、母がこう言いました。

「いいわよね。いく子は若いから、何着ても似合って」って。

呪いというと大げさかもしれませんが、きっと、ある種の嫉妬だったんじゃないかと思うんです。

私はといえば、「お母さんが似合わないのは、太ってるからじゃない」なんて心の中で思っていました。

でも、この年になればわかります。

年を取るということは、体型にかかわらず服が似合わなくなるということ。なってみなければ、わからないことですよね。


ところで、一九九七年から始まった『フジロックフェスティバル』ですが、ついこの間始まったと思ったら、かれこれもう二十年以上経っていたんですね。十年ひと昔ではなく二十年ひと昔（笑）。二十周年の二〇一七年は、出演メンバーのラインナップもあってか、年齢層の高い人たちが多かったんです。

そうしたら、若い人のツイッターに「今年は来ている人たちに、ＪＪＩ（ジジイ）とかＢＢＡ（ババア）が多い」と書かれていました。

読んだときに、私が思ったこと……。

「でもね、あなたたちも、**あと二十〜三十年もすれば、もれなくＢＢＡになるのよ**」

もしかして、こんなふうに、呪いはどんどん受け継がれていくのかもしれませんね。

大人のセクシー問題

トークショーでのことです。

会場にいらしていたお客さまの一人から、質問がありました。

「職場の若い子に〝お願いだからノースリーブは着ないで〟と言われたのですが、どうしたらいいでしょう」と言うのです。

確かにその女性はその日もノースリーブだったし、ちょっとだけたくましい腕の持ち主でした。だからこう答えたんです。

「人に言われたことは関係ないけど、あなたがいま着ているノースリーブは腕が細く見えないから、同じノースリーブでも、そでの型が肩先からナナメ下にカットされているものにしてみては？　二の腕がすっきり見えますよ」

本当に好きだったら、何を着てもいいんです。ノースリーブが好きなら着ればいいと思います。

ただ、肌を見せるからには、ちょっと工夫しましょう。

私たちの母親世代は、四十代以降、外出時はノースリーブを着ませんでした。その時代には、四十代過ぎてノースリーブを着ることは「はしたない」と考えられていました。でも、今は自由です。しかし自由ということは、ある意味、自己責任が伴う。自己規制が必要なんです。

今はみなさん気をつけているのでとくにここでお話しする必要はないのかもしれませんが、大人世代のミニも、よほど自信がない限り、あるいは自信があっても極端なものは避けるのが大人です。リゾート地以外はね（笑）。

こんな質問をする方もいました。五十歳ちょっと前ぐらいで、とても若くてきれいな方でした。

「透け素材の白いトップスを持っているんですけれど、中に何を着たらいいですか？　見せ下着系のインナーはさすがに無理だと思うんですけど、キャミソールを着るとしたら、白やベージュがいいでしょうか？　それとも思い切って紺にして、中を見せる感じはどうですか？」

私の答え。

「あなたが三十歳か四十歳なら、紺って言うんですけどね。五十歳だったら、白かベージュにして。なぜなら、そのセクシーさは、もう私たち、求められていないから」

セクシーにするというのは、ある意味、**武装して異性狩り**に出るっていうことなんです。だから、狩りに出るときはいいけれど、職場とか、若い子相手に、私たちは、セクシーさはいらないかなと思うんです。

私もノースリーブは着ますし、胸もとが大きく開いた服も好きです。でも、仕事ではジャケットを羽織ったりストールを巻いたりとかしますよ。

で、誰かを誘惑しようと思ったらジャケットは着ないで、もっと胸の谷間がくっきり見える服にしちゃいますが（笑）。

仏大統領夫人ブリジット

冒頭の「自称エリコ」さんと対極の存在がいます。

仏大統領夫人のブリジットさんです。

ご存じの通り、二〇一七年に就任したエマニュエル・マクロン仏大統領の中学時代の恩師で、大統領より二十四歳年上の六十七歳。かっこよいですよね。

何がかっこよいって、年齢はもちろん隠さない、シワも隠さない、全部さらけ出しているパーソナリティーの強さ。

「若見え」の気配すらなく、それでいて溌剌《はつらつ》としていて、「自称エリコ」さんよりずっと若く魅力的に感じますよね。

でも、欧米にこうしたかっこよい「おばさま」が存在する背景には、**「年寄りかっこいい！＝リスペクト」**みたいな文化があるんです。

そこが日本と違う。日本ではかっこよい「おばさま」の手本も少ない。

だからいっそのこと、私たち世代が作ればいいんじゃないか？　かっこよいおばさま文化。

たとえばフランスでは、レストランの店内が暗い。だから都合の悪いところ、シワやシミが見えない。メニューも読めないけどね（笑）。

日本は何でもクリアで、そりゃ若い子はかわいく見えるけれど、私たちにはちょっとツライ。

そんなとき、「自称エリコ」さんタイプは、なんとかして必死に「若見え」しようとして、逆に「ねえねえ、さっきのＢＢＡ見た？　気持ち悪いよね」なんて、若い子にほざかれてしまうわけです。

だからこそ、無謀な「若見え」はやめて、かっこよいおばさまを目指したほうが得策ではないですか？

〃がっかり「若見え」〃失敗例

「若見え」の呪いから自分を解放してあげて、かっこよいおばさまを目指す！　目標は定まりましたね。

その具体的な処方箋は第二章に譲るとして、ここでは、残念な、**〃がっかり「若見え」〃失敗例**を、一気に公開します！

〈テレビショッピング編〉

化粧品や健康食品、ヘアケア商品などのテレビショッピング番組を見ていると、実際に使っている人が登場しますよね。

商品のおかげか、確かに一見若く見えるんだけれど、格好と髪型がちょっと古くて全体的には若く見えない人がたまにいるんです。シワやシミはないけれど、「昔の美の基準」でまとめているんですね。だから、どうしても古く見えちゃう。総合的に見るとその古さが目立ち、かえって「老け見え」してしまうんです。せっかくの若い肌や髪が台なしです。

逆に「この人、素敵だな」と思うのは、無理な若作りはしていなくて、服もヘアメイクも年相応、しかも「今」な感じの人たちです。清潔感があれば、たとえ少しシミやシワがあっても老けて見えません。

テレビつながりで成功例も挙げますね。

街角インタビューなどに登場する方たちです。

その中で成功してるなと思えるのは、六十歳なら五十一～五十二歳を狙った感じの人。失敗している人は、四十歳ぐらいを狙ってしまっている人。

〝二割引きの法則〟を考えれば、納得ですね。

おもしろいことに、狙っている年齢って、意外とわかるものなんです。今度テレビでチェックしてみてくださいね。参考になるかもしれませんよ。

目指すは「若見え」より「今見え」です。

〈ライブ編〉

私の大好きなライブからも、例を挙げてみます。

今は本当に、大人がライブに戻ってきていて、私たち世代や四十代の人も、たくさんいます。なかには、昔のまま、「二十年前の自分」で来てしまっている人が、やっぱりいるんですよね。

バンドTシャツにデニムのショートパンツを合わせ、薄手の黒タイツをはき、靴は**ドクターマーチン**。若い人なら、逆に今どきに見えるんですが、オバサンだと、残念ながら、**バック・トゥ・ザ・過去**で、より〝**イタいBBA**〟認定を受けてしまうんです。まあ、本人が好きならOKですが。

同じバンドTシャツを着るにしても、年相応に、サイズをきちんと選んで、ボトムは黒デニムとかロングスカート、足もとはスニーカーやマーチンにしている人もいます。

こちらは、「ああ、ありだよね」という感じで悪目立ちもせず、若者たちのなかに溶け込んでいますね。

もちろん私だって、ハワイに行ったらショートパンツをはきますけどね（笑）。

〈ぶりっこ編〉

街中や地下鉄などで目にした例です。

「自称エリコ」さんもそうだったけれど、日本の女性はなんだかんだいって、甘いスタイルが好きですよね。でも、甘すぎオバサンをときどき見かけるんです。ちょっと甘い程度なら好みの問題だからいいんですが、ぶりっこまでいくと、オバサンにはツラい。やればやるほど「老け見え」していきます。

服だけでなく、ネイルもそうです。

ネイルだけが趣味で、そこだけ盛るのもいいけれど、服や髪型などあれもこれもやったうえに、デコネイルをぶりぶりにしてしまうと、変わった人になっちゃいます。

メイクも、パウダリーなドールメイクなんてした日には、博多人形どころか、冷蔵庫のしなびた桃にしか見えないですよ。

かなり前に流行った、チークをきかせた〝イガリメイク〟だって、たとえば私がチャレンジしてしまったらどうでしょう。

「あれ、いく子さん、昼間から飲んでるの？」としか言われませんね。

初々しいものは、オバサンにはあまりに中身とギャップがありすぎて、もうとてもそのギャップは埋められるものではありません。生まれながらにフェアリーな人は別ですが、一般人は避けるに越したことはありません。

人生を山にたとえれば、私たちはもう下山中。人生百年としても頂点は過ぎているのです。うまい下り方を見つけたいものですね。

BUBBLE FORCE COLUMN #001

ああ、ひばりさん越え!

美空《みそら》ひばりさん、ユーミンこと松任谷由実《まつとうやゆみ》さん、松田聖子《まつだせいこ》さん、安室奈美恵《あむろなみえ》さん。この四人の共通点ってわかりますか?

「若見え」も「老け見え」も超越し、独自の美観で時間が止まっていて、殿堂入りを果たした女性たちなんです。もちろん、私の基準で見て、ですが。

美空ひばりさんは享年五十二歳(一九八九年没)。なんと私はとっくにひばりさんが亡くなった年齢を越えていたわけです。〝**ひばりさん越え**〟です! 晩年のひばりさんは立派な大人の女性だったし、当時はそれがよかった。安心して立派な〝おばさま〟になれた時代なんです。三十歳のときに短かめのスカートで『真赤な太陽』を歌っていましたが、そこで留まらずに大人の女性スタイルを確立したところがやっぱりすごい。

ユーミンは、すでにアイコンですね。そもそも体型が奇跡のように美しい。ステージ衣装と取材を受けたりするときの普段の格好を分けているし、そのあたりはさすがプロです。

聖子ちゃん――あえてちゃんと呼びますが――は、いわゆるカワイイ系ギリギリの女神で、聖子ちゃんは九十八％〝カワイイ〟でできている。だから生き方として正しいし、このままいってほしいと思います。

安室奈美恵さんは四十三歳。彼女を真似た女性を指す〝アムラー〟という流行語さえ生まれましたが、二〇一八年に四十歳での引退を発表しています。十代のころはチェックのミニスカートでかわいかったけれど、今や立派な大人の女性です。

四人は殿堂入りを果たした、いわば四天王ですが、それは芸能人、アーティストという特殊な職業だからですよね。世間が同じ姿を求め、それに応えることも仕事というか。

一方で、岸恵子《きしけいこ》さんや吉永小百合《よしながさゆり》さんのように、自然体で年を重ね、今でもとても素敵な女優さんもいます。夏木《なつき》マリさんもそうですね。

RIKACOさんや引退された江角《えすみ》マキコさんも白髪染めのCMに出ていたし、元おニャン子クラブの国生《こくしょう》さゆりさんだって五十三歳。みなさんそれぞれナチュラルに年を重ねて、無理に「若見え」しようとはしていません。

時を止める究極の見本として四天王をご紹介しましたが、私たちはそちらを目指したいわけではありませんよね。私たちは、うまく年を重ねたかっこよい〝おばさま〟になりたい。というわけで、第二章ではその実践方法をご紹介します。

第二章

〝脱「若見え」〟の処方箋

年相応がわからなくなってきているものの…
死ぬほどデカいフープピアスはダメ？
42歳
お買い物はあいかわらず大好き!!
伊
ウリャリャー!!
とってもお似合いですよー♥
そーお？そーよねーっ
鏡
ちょっとまって!! カツヤマさん!! アバターの年齢若すぎでしょ!?
若い私
スゥ
現実
ハッ
えー!
地曳いく子
若見えの限界は実年齢マイナス2割!!
カツヤマさんなら34歳よ!!
ぐうっ
30歳
たしかにさっきの私は30歳くらい しかも体重−8kgでした!!
気をつけなきゃダメよ…
どんどんギャップがうまれるわよ

ここ数年ずっと30前後のおしゃれアバターに引っぱられてました…

そういう人の多いこと…

いきすぎるとエリコになるのよ!!

フゥ。。。

でも私たちバブル世代にはバブルフォースがあるから大丈夫!!

バーーン
バブルフォース!!

注・カツヤマ
あの頃は誰もがヴィトンやシャネルをバンバン買い「イイモノ」を持っていたという経験が
「イイモノ」を見極める力に!!

これは買いだわ
はーなるほど…私はバブル世代ではないものの今までさんざんファッションにお金を使ってきたから少しはフォースが使えるかも…

フォース…それは散財の証…。

ウム…

それを使えばおしゃれアバターもうまく活用できる!?

だてにムダ遣いしてねえぜ!!

バブル世代ですが、何か？

本章では、「若見え」に縛られずかっこよい「おばさま」を目指す方法、〝脱「若見え」の呪い〟の処方箋をご紹介します。

まずは、処方箋を考えるうえで避けては通れない、バブル時代についてお話ししますね。

この本の読者のみなさんの多くは、思春期か二十代、三十代のどこかで、バブル時代を経験していると思います。「バブル世代」ということで、批判的に言われることもよくありますよね。

でも時代がそうだったのだから仕方がないんです。少し飛躍した例かもしれませんが、「戦時中」と同じように「バブル時中」を経験した私たちは、「戦中派」と同じように**「バブル中派」**なんです。

「時代は確かにバブルだったけど、私自身は関係なかったわ」と思っている方もいますよね。でも、実は知らないうちに影響されている人は多いんです。自分は違うと思っても世間全体がバブルで景気がよかったから。

バブル世代の共通点をいくつか挙げてみますので、自分の胸に手を当てて、よ～く考えてみてくださいね。

・水道水よりミネラルウォーターを選ぶ
・バターや醤油《しょうゆ》、塩、オリーブオイルなど調味料のブランドにこだわる
・昼間から「アワ」（スパークリングワインとかシャンパンとか）を飲む
・高いディナーは行かないけれど、ランチやお茶は奮発することがある
・自分に投資する（習い事、マッサージ、エステなど）
・楽しいこと、気分が上がることが好き
・メリハリつけてお金を使う＝お金の使い方がいびつ

・何でも形から入る（とりあえず道具にこだわって揃《そろ》える）
・三人いたらバスよりタクシーに乗る。一人でも乗ることがある
・ホテル最上階のバーやカフェなど、眺めのいいところが好き
・お金がなくても楽しいことをするのが好き（あればもっといいけど）
・お酒が好き（お酒には強くないけどお酒の席は好き）

どうですか？

意外と思い当たることがあるのではないですか？　もし、この中の二、三個あてはまったら、あなたも立派な「バブル中派」です。

バブル時代の空気を吸った私たちは、ブランド品を買い揃えたことは無いと思っていても、お財布やバッグの一つは持っていたはずです。まったく影響のない人というのは、少ないと思います。

実は、〝「若見え」の呪い〟には、バブル世代であることが、深いところで影響しているんです。

そして、ここが大切なところ。

かっこよいおばさまになるためにも、バブル世代であることが、とっても強いパワーになります。

もう過ぎてしまった過去の経験は、取り消せません。だったらそれを利用してみてはどうでしょうか？

バブル世代だからこそ、かっこよいおばさまになれるんです！

このことを、しっかり頭に入れておいてくださいね。

流行は上昇スパイラル

先日仕事でティーンエイジャーたちにインタビューしたときのこと。

みなさんとてもおしゃれだったんですが、いちばん驚いたのは、かっこよいか、かっこ悪いかを判断する基準。

「自分が好きか嫌いか」ただそれだけだというんです。

有名ブランドのものでも、自分がダサイと思うものは着ない。ただ、欲しいものがあったら、どんなことをしても買う。高ければお金を貯めて手に入れる。逆にどんなに安くても好きでなければ買わない。値段は関係ないと。

バブル時代にはなかった解放された精神、価値観ですよね。私たち世代は、やっぱり、ブランドにこだわっちゃう。

流行が繰り返すことについてどう思うか尋ねてみると、「おもしろいんじゃない？」という答えでした。

この答えを聞いたとき、急に閃《ひらめ》いたんです。

私たちが、「若見え」に失敗する理由が。

流行は繰り返し回ってくるんだけれど、閉じた円でグルグル回っているわけではないんです。同じように見えても変化しているし進化している。

スパイラルして、上昇していってるんですね。

だからそれにきちんと乗れば上に行けるんだけれど、私たち世代は同じ高さの地面で、コマのようにグルグル回ってる。ゆえにＢＢＡクサい。そこが、若い子たちの自由な感じとは違うんです。

バブル時代を通っている私たちは、ブランドの呪いにもかかっています。もちろん、高くてもイイものはイイのだけど、そこに頼っちゃいますよね？

地下鉄で、**エルメス**のバーキンを盾のように持ちながらも、服は全部ファストファッションで、靴のかかとがちびている人を見かけました。

そもそもバーキンは、ステッカーを貼ってあえて汚く持つという、ロンドン生まれの女優・歌手、ジェーン・バーキンからついた名のバッグの、反骨精神の象徴。それがいつしか神話化し、持っているだけで自分を守ってくれる**「お守りブランドバッグ」**に変わってしまい、そのまま、ここまで来ちゃった。持っている私たちが下のほうでグルグルしてるから、神話化したところで止まっちゃってるんです。

かっこよいおばさまの代表、仏大統領夫人のブリジットさんだって、コンサバだけれど、昔のままじゃなくて、かなり上昇してますよね。

若い子みたいにポテンシャルはないからグーンとはいかないけれど、ちょっとずつ上に上っていくだけでも全然違うんです。

「昔の自分で着ています」の落とし穴

結局、老けて見えるか、若く見えるかというのは〝センス〟の問題なんです。

というと、元も子もないように聞こえますが、私たちが今まで使ってきた〝センス〟とは意味がちょっと違います。

私が考える〝センス〟は、**今の時代とシンクロしているかどうか**。

〝センスのいい人〟は、ちゃんと時代にシンクロしてアップデートしている。最新型のかっこよい「おばさま」です。

〝センスの悪い人〟は、昔の自分の感覚のままでいて、下のほうの同じところでグルグルしている「オバサン」です。

〝昔〟の「若い」でいるより、〝今〟の「おばさま」をやったほうが若く見える。というより、かっこよく見えるんです。

罠にはまりやすいのは、昔と同じものが流行っちゃうからなんですよね。

流行は繰り返すといっても、上昇スパイラルなので、いまの流行と昔の流行は、同じに見えても違うんです。

たとえば、今また八〇年代風の肩パッドが入った服が出てきていますが、「これ、昔着てたわ」とか「持ってたわ」などと思って油断してはいけません。それでなくても私たちは顔が八〇年代だから、そういう服を着ると、昔に引きずられちゃいます。

昔得意だったものが、もう一度流行ったりすると、「やったあー、私の時代がやってきた！　イェーイ」と思いがちですが……。

思った時点で、もう「若見え」どころか、とんだ「老け見え」ですよ。下のほうでグルグルしているだけなんですから。

昔のセンスのままでは「シーラカンス」です。

時代は先に進んでいますよ！

「おしゃれアバター」の手なずけ方

では、下のほうでグルグルしないで、ちょっとずつでいいから上昇するにはどうしたらいいか？　最新型のかっこよい「おばさま」になるには？

鍵は二つあります。

一つは、第一章で少しお話しした**「おしゃれアバター」**。

もう一つは、第二章の冒頭でお話ししたバブル時代に身に付けたパワー。私は**バブル・フォース**と呼んでいます。フォースは『スター・ウォーズ』で出てくるのでわかりますよね。生命体が持つエネルギーです。

まずは、「おしゃれアバター」から考えていきます。

「おしゃれアバター」は、「若見え」想定年齢の自分の分身でしたよね。

問題なのは、「おしゃれアバター」と本当の自分とのギャップの大きさでした。

「おしゃれアバター」が悪いわけではないんです。

むしろ「おしゃれアバター」は、いたほうがいい。

大切なのは本当の自分との差を広げないこと。「おしゃれアバター」も定期的にアップデートしていけばいいんです。そしてうまくつき合うことです。

数年前のことですがトークショーのお客さまで、こんな方がいました。

トークショーが終わった後にお客さまと写真を撮ったりサイン会を開いたりするのですが、そのときのことです。あるお客さまが、

「私、クルーズが大好きなんです。来週も行くんですよ」と携帯の写真を見せてくれたのです。ご本人は、どちらかといえば地味な格好でした。

ところが写真の彼女は、きれいにメイクして、ショールをさっと巻き、素敵な

ドレスアップスタイルです。そして隣には白人のイケメンスタッフが。

「実は、彼に会いに、毎月一回ぐらいクルーズに出かけるんです。でも派手な格好はこれしか持っていないので、毎回同じなんです。違う格好をしたほうがいいでしょうか」と悩み相談を受けました。

「毎回同じ格好をしたほうが彼に覚えてもらえるし、そのお金をクルーズに使ったほうがいいですよ」と、私はキッパリ答えました。


写真の中のその女性は、ものすごく生き生きしていました。まるで別人。

そう、クルーズに行っているのは、**「おしゃれアバター」**なんですね。

彼女は「おしゃれアバター」を飼っていて、上手に飼い慣らしているんです。

たまには、彼女のように異次元にワープするために、「おしゃれアバター」を使って、いつもとまったく違う格好をしてもいいってことなんです。


そんなわけで、無理して違う服を買うよりも、クルーズに行く回数を増やして、ニコニコ笑って楽しく過ごしたほうがいいと、私は思ったんです。

今は時代がかわって彼女もクルーズには行けなくなってしまったと思いますが、彼女は「推し」（自分の好きなヒイキの人）の為におしゃれをして素敵に生きるという「技」を手に入れたので、きっとこれからの人生も楽しくすごせると思います。

これこそ「おしゃれアバター」のうまい手なずけ方ですよね。

そして、上手なお金のかけ方です。

〝感情の老化〟に立ち向かえ

人には〝感情の老化〟というものがあるそうです。いろいろなことに感動しなくなっていっちゃうんです。

感情が老化すると、もちろん見た目も老けます。それが人によってすごく差がある。

お年を召しているのにすごく素敵な方は、**「おもしろいからこれをやってみるの」**と、とっても好奇心が強いことが多いですよね。

先日テレビで観て納得したことがあります。

あるイタリア映画好きのおばあちゃまの話です。彼女は、もっと映画の世界を知りたくて、語学教室でイタリア語の勉強を始めました。どんどんのめり込み、イタリア語がとっても上達したといいます。驚いたのは、テレビに映る彼女の姿。グラマラスなイタリアンマダムそのものなのです。イタリア語を習っているうちに地味だった自分のスタイルまで変わったとか。好奇心を持つことで、見かけまですっかり変身できるんですね。

実は私もこのごろ人生に疲れたのか（笑）感情の老化が激しくて、つい新しい事にチャレンジするのがおっくうで、安心できる〝いつものカフェ〟とかに行きがちだったんです。

でも、感情の老化について知ってからは、「今日は違うところでお茶してみよう」「いつもと違うお店で買い物してみよう」と、自分に言い聞かせています。〝行きつけ〟は大事にしていいんですが、たまに全然違うところに行ってみると、気分も上がり、着ていく服やメイクも変わりますよ。

そして、ここが大事。

新しいことに挑戦しようと思ったら、「おしゃれアバター」を使うこと！ いつもの自分とは違う自分を楽しむんです。美容院やネイルサロンを変えるのもいいかもしれませんね。髪だって、二〜三ヶ月で元に戻りますから。

私は数年前に、金髪にして、さらに緑にしたことがあります。

最初は「おしゃれアバター」だったのが、そのうち慣れてしまって、金髪や緑の髪が普通の自分になっちゃったので（笑）、また落ち着いた色に戻しましたけどね。

金髪というのは極端な例かもしれませんが、「自分を変えたい」とか「人と違っていたい」という人は、もうそれぐらい挑戦してみてもいいんじゃないでしょうか？ あるいはウィッグを買ってみるとか。

「おしゃれアバター」を上手に活用してくださいね。

「おしゃれアバター」は暴走に注意

ところで、私たちは地球にいるんだけど、「おしゃれアバター」は宇宙にいるわけです（笑）。で、ときどきやってきて勝手に行動しちゃう。

私にもこんなことがありました。

私は若いころ、ヒッピーだった時代があり、当時流行っていた、刺繍《ししゅう》がたくさん施されていて、鏡なんかも縫い込まれているロングスカートがすごく欲しかったんですね。でも、当時は高くて買えなかった。

ところが、最近になって、ZARAで見つけたんです。

形はひざ下丈のワンピースだったけれど、まさしく昔買いたかった刺繍入り。

早速手に入れて、休日に着ていました。紺色でした。

そして別の日に行ったら、今度は同じデザインの白があったんです。白地に白の刺繍！　まさしくヒッピーなセレブスタイル。胸が大きいので、Lサイズを試着したら、これがぴったり。まるでハマのメリーさん（六〇年前後から九〇年代半ばまで白い衣装と白い化粧で横浜の街角に立っていたとされる伝説の女性）になっちゃうなと思いながらも、買ってしまったんですね（笑）。

犯人は「おしゃれアバター」です。

「おしゃれアバター」が昔着られなかった服をリベンジで買っちゃった。これはもう棺に入るときに着せてもらおうと思っています（笑）。頭に花の冠でも付けてもらって。ヒッピーBBAで。


私たち世代になると、サイズはぴったり合うのに似合わないという、恐ろしい服があります。でも「おしゃれアバター」は似合うと思って買っちゃう。

「これは『おしゃれアバター』には似合うけど、本当の私には似合わないんじゃないの？」と、自分でも現実はうっすらとわかっているんです。

それなのに買っちゃうのは、それだけ「おしゃれアバター」の影響力が大きいということです。

ただ感情の老化を防いでくれる「おしゃれアバター」は必要です。

なので、勝手に飛んでいってしまわないように、必要なときには自分に引き寄せるぐらいの気持ちでつき合いましょう。

バブル・フォース活用法

ここからは、**バブル・フォース**についてお話ししますね。

バブル・フォースは、私たちバブル世代だけが持つ特殊な力です。私たちはバブル世代と散々バカにされてきたけれど、悪いことばかりじゃないんですよ。よいことだっていっぱいあります。

たとえばファストブランド。最新流行の服を安く提供するブランドです。

バブル時代にラグジュアリーブランドやＤＣブランドを買い漁った私たちでさえ、今はついついファストブランドに行ってしまいますよね。でも意外にうまく選べています。なぜなら、**高いもの、イイものを知っているから**です。安くても、安く見えないものを選べる〝眼〟を持っているんです。

それこそ、バブルを経験しなかった若い子たちにはない、バブル・フォース。

過去は消せないのだから、逆に利用してみませんか？

今こそ、バブル・フォースを使うときです！

私たち昔は、バンバン買い物しましたよね（笑）。

今、考えたら分不相応な（笑）ブランドものだって、誰もが持っていました。**ルイ・ヴィトン**から**コーチ**まで、平気で十万円以上するバッグを年に一〜二個買い、今や高嶺《たかね》の花の**シャネル**でさえボーナスでみんな買っていました。

実は、あのころの「イイものを持ったことがある」「使ったことがある」という経験は、**おしゃれの肥やし**になっています。バブル世代は、ファッションの経験値が高いんです。それを利用しない手はありませんよね。**ユニクロ**で買うカシミヤのセーターでも、高く見える色と高く見えない色があります。それは感覚なので、言葉では言えないもの。でも、高いものを見たり触ったりしてきて、バブル・フォースがあるあなたたちなら、わかるはずです。私たちにしかないバブル・フォースは、私たちにしか使えないワザなんです。だから……。

今こそ、**バブル・フォースを使え！**

〝名品という名の呪い〟を克服

バブル世代の私たちは、「名品さえ買っておけばいい。それで一生安心」って、思い込んでいませんでしたか？

「三十歳までに揃えたい名品」もありましたよね。「大人になったら」とか「一生もの」とかも、よく聞く言葉でした。確かにあのころは、ある程度お金を出さないとイイものが買えませんでしたよね。

でも、そうやって買ったものの中に、今でも使っているものは、いったいいくつあるでしょうか？

もちろんそれを使い続けるのもいいけれど、今、時代はもっとずっとフラット（すべてのものごとを、自分にとって価値があるかどうかでとらえるという意味

／byいく子）なんです。

今の時代は、名品でもイイものはもちろんイイけれど、名品じゃなくてもイイものってある。値段じゃないんです。高いものを買ったからといって、安心できるというものではないんですね。

逆に言えば、高くないものでも、自分が好きなものならイイものなんです。人から「変」と思われようが、人が「いらない」というものだろうが、**自分が好きならイイもの**なんです。

「ブランドといえばラグジュアリーブランド」という時代は、二十世紀で終わりました。

今や、ブランドは〝自分〟次第。

自分がイイと思ったものは、もう自分のブランドになる。それが**エルメス**でもいいし、もちろん**シャネル**でもいいし、ノーブランドでもいい。

自分のブランドを確立することが大切なんです。

もっと言えば、〝自分〟そのものをブランドとして確立すること。

そしてそれこそが、「若見え」を脱却して、最新型の〝かっこよいおばさま〟になる道です。

もはや、名前だけには頼れないんですよ。

バブル世代のダークサイド

名前は意味をなさない。

そう言われても、私たちバブル世代は、やっぱり**名前に弱いところがある。**

若い子にバカにされちゃうのはそこなんです。

「正負の法則」ｂｙ美輪《みわ》明宏《あきひろ》先生、ではないけれど、物事には良い面と悪い面、二つの顔が必ずあります。

「バブル世代」もそうです。

たとえば、みんながおいしいというお寿司屋さんに行ったとします。

「なんだかちょっとここ、あんまりおいしくないんですけど」と思ったら、私たち江戸っ子は正直に言っちゃうか、二度と行かない。でも普通は「ああ、このお寿司がわからないのね」と思われそうで、口には出さないですよね。これが「ファッション裸の王様」です。

ファッションも同じ。みんながイイって言うと「え、これダサイって言っちゃったら、私がダサイって思われちゃうんじゃない？」なんて考えちゃう。

若い子はもっと自由です。

そして、ケチなんですね。いい意味で。

ところが、バブル世代は、ケチって言われるのが、とっても苦手。ここがバブル世代のさらなるマイナスポイント。

もはや、現実的には、お金だけでなく、いろいろ自由にならないのにね。

だから、私たちも、好きか嫌いか、自分ならいくら払えるか、何回着るかを考えて、新しい価値観で、おしゃれなものを買えばいいんです。

「若見え」という考え方も、実は**バブル後遺症**。

とくに、顔にどんどんお金をかけて直しているのは、バブル世代です。しかも昔のセンスで顔を作りがちなところがある。なぜならお医者サマ自体がバブル世代が多いから。そういった罠もあるんです。

顔にいろいろ打っている人もほとんどが昔のバブル顔で、コラーゲンを欲ばって入れすぎたせいかパンパンの人が多い、鼻筋だって高くしすぎ。「顔のお直し」のセンスが古ければおしまい。

ジュリ扇振ったり、「アワ」を飲みまくったりしていたころの顔を再現して「イケていた時の自分」に戻ろうとするのは、**過去を再現**しているだけ。**今どきの顔にはなりません**。

こういう「若見え」は、同じフォースでもダークサイド、暗黒面。まさに暗黒の面《つら》です（笑）。

「バブル臭」は隠すべし

先日、あるパーティーで、同じ年の親友だという二人組の女性がいました。

一人は、かつてエアロビクスをやっていて、この人に落ちない男はいないと言われたほどの美人。現在もピラティスをやっているそうで、痩せていて、見るからにヘルシー。カジュアルなロングドレスを着てかっこよいんです。髪はナチュラル、光を取り入れたいまふうメイクで、全体にオーガニックな感じ。孫もいるということで、幸せそうな、とても素敵な五十代でした。

もう一人は、スタイル抜群の〝W浅野〟スタイル。まるでトレンディドラマから抜け出したような、ベージュのタンクトップとショートパンツのサファリルックで、似合っていてきれいです。ところが、おもいっきりバブルスタイルなんですね。顔をいじっているとかではないのですが、どことなくイケイケで、メイクもファッションも過去を凍結した風貌《ふうぼう》なんです。

さて、どちらが若く見えるでしょう？


これまでの話でもうわかりますよね。

同年代の二人なら、「若見え」を狙っている人より、自然に今の自分を見せたほうが、若くかっこよく見えます。

バブル世代の人は、「若見え」しようとするほど、ついつい、自分が頭で考える若さに戻そうとしちゃう。つまり、過去の栄光、バブル時代の自分です。

でも、今の時代って、見た目にバブル臭を出すと嫌がられるんです。


私もこんな経験があります。好きなバンドのライブ追っかけで行った大阪で、たこ焼き屋に入ったときのこと。ライブですでにお酒の飲みすぎでのどが渇いていたのでペリエを頼んだんです。そうしたら隣の若いカップルに「ペリエ頼んでるんだ。セレブじゃあるまいし」と。でもまあセレブやしって？（笑！　冗談です）まあそれはいいの（笑）。

バンドTシャツ×細身デニムにライダースを着ていたからその程度で済みましたが、昔のレースクイーンみたいな格好でイケイケメイクだったらもっとディスられていたと思うんです。

だからバブル・フォースはモロに形に出しちゃいけない。

出しちゃうと、嫌われて、ダークサイドに落ちちゃいますよ。

グッドセンス再起動

ダークサイドに落ちてしまうこともあるし、調子に乗りすぎちゃうことも多いけれど、バブル世代だって、今はちょっと頭を使っているんです。

昔だったら、高いレストランの一万五千円以上もするディナーなんて平気で行ってましたよね。でも、今は贅沢《ぜいたく》といえばランチです。ワインかスパークリングワイン付きの、二千八百円～三千八百円ぐらいのセットです。確かにランチとしてはすごく高いかもしれないけど、その夜はインスタントラーメンでいいですよね。冷蔵庫の残りと。

そんなふうに気持ちを切り替えて、みなさん、意外とうまくフラットに移行してるんです。

「アワ」も昔は銘柄シャンパンだったけれど、今ならブランドものではないスパークリングワインや飲み放題のフリーフローでオッケーとかね。

私も、先日歌舞伎を観る前に一人で入った店に、一時間千円で飲み放題のフリーフローを付けるランチがあったんです。迷わず、付けました（笑）。

バブル世代は、イイものを知っていて、センスだけはあるんです（笑）。悪い癖があっても、今は今なりに対処してるということなんですね。

ファッションだって、いい〝目〟を持っているから、ファストブランドでも、イイものを選べます。バブル時代は雑誌黄金期と重なるから、ファッション雑誌も散々読んできましたよね。だからポテンシャルがある。

ただ、昔のままでは破産しちゃうから、ちょっとずつ**賢くバブル・フォースを使う必要**があるというだけ。

賢く使えば、バブル・フォースも使いようです。

さあ、グッドセンスを再起動。

もう一回自分のフォースを信じて生きましょう！

脱「若見え」して、目指せ、最新型の〝かっこよいおばさま〟です。

今、コロナと言う大変な時代になり、「楽しむこと」「動き回ること」が罪、いけないことになっている風潮もあります。でも充分気をつけていれば、「新しい時代」を楽しくたくましく生き抜く方法があるはずです。そんな時もスマイル〇円、明るいのがとりえの「バブルパワー」を始動してみてはいかがでしょうか？

BUBBLE FORCE COLUMN #002

開放されすぎたボディ

私の学生時代は、制服のスカートのウエストに芯が入っていました。そこにソフト芯が登場。やがて「芯って何?」という時代になり、さらにストレッチの時代もやってきます。コンシャスからボディが開放されたんです。でも開放されすぎちゃった。デニムがローウエストになってしまったので、ウエストもないんです(笑)。

今また、八〇年代=エイティーズのボディにきつい服が流行っているけれど、よっぽど痩せ型か、鍛えている人しか、もう着られません。増えるワカメちゃんじゃないけれど、一回水に入れて増殖したワカメを乾燥させて元に戻すのは大変ですから。

バブル時代を象徴するディスコ「ジュリアナ」まではコンシャスを着られた私たちですから、まさか、自分の体がそうなっちゃうとは思っていませんでしたよね。かの元祖セレブタレント大屋政子さん的になるとは思ってもみなかった。

私たちの母親世代は、たとえ年を取って、体がブハッてなっても（笑）、何となくきつい服を着ていました。それに、私たちが小さいころの母親たちにはウエストがありました。なぜならスカートに芯が入っていたから。

でも、今、当時の母親世代の五十代になった私たちの服は、ウエストに芯が入ってないし、ストレッチ・アンド・ウエストゴムです。もはや、ボディも服も、そういうものだと思って、そこでファッションを極めるしかないんですね（笑）。オールインワンとか着て。

さらに、いままた、ビッグシルエットも流行っています。ビッグシルエットはヤバイ（笑）。SとかMサイズでも、ビッグシルエットという名の「デザイン」のもとに、実際はLLサイズぐらいなんですね。そうすると、私たちの体でも入っちゃう。本来はビッグシルエットなのに、ぴったりしたシルエットで、ジャストシルエットにして着ちゃってる。「これ、入ったわ！」なんて言っても、ビッグシルエットなんだから、中身がビッグだから、おしゃれ的には「？」です。ビッグシルエットというのは、中で体が泳いでいなきゃいけないのに、パンパンに詰まっているというのは着かたが違うんです（笑）。

なんだか、私たち、時代の流れとともに、いろいろな目に遭っているんですね。時代の濁流に流され、ファッションという渦の中に溺れている私たち。じゃあ、そんな流れに近づかなきゃいいじゃないって思うけれど、ファッションが好きでつい近寄ってしまう。

バブル世代って、そういう世代なんです。

第三章

バブル・プロファイラー
いく子の手帳《ノート》

歳を重ねるごとにおしゃれ迷子になるんですが…どうすれば道がわかるんですかね…
30代になった頃、迷い出し
おっこの道があるじゃん!
と、安心したのも束の間
その後5年サイクルで迷子に…
あれ?もうこの道違う…
そういう時は自分の「ファッションの履歴書」を書いてみるといいわよ
おしゃれに迷うのは自分の「スキ」が見えなくなってるから
おしゃれの履歴書…
ファッション履歴書
これを書くことで自分が今までスキだったモノを再確認すれば
そこに迷子から脱出するためのヒントが見つかるの
カツヤマさんも書いてみて
聞いてた音楽
読んでた雑誌
通ってたショップ
本編では7人の女性のファッション履歴をたどってみました

皆、今はアラフィフ
ファッションおたく サエ
高校の頃はA.P.C.アニエスb
のちにクロエ、マークジェイコブス
おしゃれ系 ハマトラ
ドゥファミリー、インディオ
イズミ
隠れロックお姉 ユカ
Y's、コムデギャルソン
おもしろい!!
カツヤマのおしゃれ履歴書
私も書いてみたよ♥
【小学校】中学年まで洋裁の得意な母の手作り。
高学年でオシャレに目覚める。
「BeBe」「BATSU CLUB」
【中学校】ブランドへの憧れ。親にねだって少しずつ買ってもらう。
学校は私服だった。「SCOOP」「I.S.」「NICOLE」
【高校】もちろん(?)私服。古着ブーム到来。バイト代は
全て服につぎこむ。「DEP.T」「ハリウッドランチマーケット」
【専門学校】黒ばかり着だす。とにかく黒!! 彼氏はギャルソンで
働いていた。「Y's」「ギャルソン」「ジャンポールゴルチェ」
【20代〜30代】セレクトショップで買い出す。インディアンジュエリーに
ハマる。「UNITED ARROWS」「VIA BUS STOP」
【30〜40代】迷子をくり返しつつ古着×ブランドMIX。
「UN3D.」「STUDIOUS」「rada」
こうして見ると量産されているファッションがスキではないのかもな〜
ユニクロとかあんまり買ったことない…。
おもしろいでしょ?
人におしゃれの歴史アリ!!

女の服は履歴書

脱「若見え」処方箋の鍵の一つが、バブル・フォースでしたよね。

この章では、私たち世代の七人の女性に話を聞き、バブル・フォースが生まれた背景について振り返りつつ、今どうすればいいかを考えてみます。

最初に**七人のファッション履歴書**をまとめました。読者のみなさん用の表も用意しましたので、ぜひ記入してみてくださいね。


さて、なぜ履歴書なのかというと、自分がこれまで何が好きだったかを見つめ直し、これから何が好きでいたいかを見つけるためです。

私たちは、好きなものがわからなくなるから、道を失っちゃうんです。

今回協力いただいた七人も、みなさん一見ごく普通の見かけなのに、話を聞いてみると、とてもおもしろいおしゃれの履歴を持っていました。話しているうちにどんどん思い出して「あれが好きだったんだ」とか「だから今こうなんだ」とか、自分のルーツを再発見していたようです。

インタビューしている私もいろいろ思い出しました。学生時代のCABINとかね。好きだった服や音楽、オトコ遍歴も思い出したり（笑）。

結婚や子育て、介護などで一回おしゃれから離れた人も、心と時間に余裕が出てくると、おしゃれ道に戻りたいと思います。でもそこで迷ってしまうんですね。重要なのは、何が好きだったかを思い出すこと。迷っちゃった人は、だまされたと思って、ぜひ一度、ファッションの履歴書を書いてみてください。

FASHION RESUME

七人の二十一世紀ウーマン ファッション履歴書

TYPE1 ファッションおたく

名前		サエ（仮名）
年齢		48歳
出身		東京都 / 現在も東京都在住
職業		会社員
ファッション歴	背景	実家は飲食店 / 母親がファッション好き / コンサバはまったく通っていない
ファッション歴	学齢前	ファミリア / サヱグサ
ファッション歴	小学校	ミルク / ドゥ ファミリー
ファッション歴	中学校	3年生からピンクハウス / コム デ ギャルソン
ファッション歴	高校	3年生からアニエスベー / A.P.C.
ファッション歴	高卒後～20代	ラルフ ローレン / プラダ / ミュウミュウ / マルニ / ジル・サンダー / ザ・ギンザ / バーニーズ ニューヨーク
ファッション歴	30代～40代	30代後半～ :セレクトショップ（ソースタッフ / ビームス） / クロエ / ステラ マッカートニー / マーク ジェイコブス / アクアガール / FLORENT / シンゾーン / マルジェラ / 古着（ヴィンテージのエミリオ プッチ） / グリーン / 伊勢丹に行くようになった（一度に見られてラク） / ロンハーマン / ドーバーストリートマーケット
ファッション歴	現在	現在は古着屋で探すのが好き / ロク ビューティー &ユース / キャットストリート

■……バブル時代

TYPE2　おしゃれ系ハマトラ

名前		イズミ（仮名）
年齢		55歳
出身		東京都 / 現在も東京都在住
職業		アルバイター
ファッション歴	背景	箱入り娘だけど自由 /『mcシスター』育ち / 子どものころからずっとコンサバ路線
	学齢前 小学校	玉川高島屋かファミリア / ピエール・カルダンのワンピース / ベーシックなもの
	中学校～ 高校	中学：親が購入 / ジュン&ロペのスーツ×白いブラウスなど / 『mc Sister』『花椿』を愛読 高校：SONY PLAZAのヘアアクセサリー / 大好きな文化屋雑貨店で買ったヘアアクセサリー / FRUIT OF THE LOOMのカラーTシャツ2枚重ね / セルフレームメガネ /『チープ・シック』『IVY図鑑』が教科書 中高：CABIN（下北沢）/ 花柄巻きスカート（台形）/ チロリアンジャケット / ラコステポロ / サドルシューズ、 ローファー、サブリナシューズ
	高卒後～ 20代	ドゥ ファミリー / マドモアゼルカミングスーン / ハマトラ / イタリアブランド / インディオ / 鎌倉キカプー / アメリカンベーシック
	30代～ 40代	いわゆる渋カジ / ネペンテス / プロペラ / ジョンスメドレーのニット
	現在	プチプラと定番物のMIX / 最近初めて帽子を購入

TYPE3 早熟キャリア

名前		ヨシコ（仮名）
年齢		57歳
出身		東京都 / 現在も東京都在住
職業		会社員 / 既婚
ファッション歴	背景	働き始めてからバブル / 既婚 / 他人と同じものは着たくない世代
	学齢前 小学校	ニットは母親の手作り / ファミリア
	中学校	トラッド / CABIN
	高校	ジュン&ロペ / コンチ / 「早く女になりたい」早熟世代 / 山口百恵世代 / スタイルアイコンは小林麻美さん / 『オフィシャル・プレッピー・ハンドブック』を愛読
	高卒後〜 20代	19歳の頃マミーナでワンピース / コンサバ / ハマトラ / フクゾーのトレーナー / 巻きスカートや柄スカート / ミハマの靴 / アルファキュービック / レノマ / 横浜や銀座の玉屋で買い物
	30代〜 40代	通勤着として銀座コアに入っていたころのラルフ ローレンを着ていたが、着ている人が多くなったため当時セレクトショップに入っていたポール・スチュアートに鞍替え。以来今もファン
	現在	仕事着は百貨店のものでいいと思っている

TYPE4　バブル箱入り娘

名前		アヤコ（仮名）
年齢		52歳
出身		東京都 / 現在も東京都在住
職業		会社経営
ファッション歴	背景	派手な服やミニ、デニムは禁止だった / 25歳で寿退社 / 40代後半で離婚
	学齢前 小学校	親手製のチェックのスカート / 紺のトップス / 三つ折りソックス
	中高・短大	IVY / プレッピー / ハマトラ / 『JJ』全盛期 / 黒田知永子さんに憧れ / 品がある感じのスタイル / 高校時代に原宿デビュー / CABINなど親に文句を言われないブランド / ドゥ ファミリーも少し持っていた / 短大時代のアルバイト代が月十数万円だったため流行を追いかけ『JJ』をまねた
	20代	恋人の影響を受けたスタイルで給料を服に注ぎ込む / 銀座でお姉さんに見える格好探し / 銀座の玉屋 / 松屋やコア / ブランドはとくになし / バブルのときにはイタリアンマダム / ヨーロッパのマダム
	30代～40代	30代は元夫（20代当時の恋人）の影響大 / 結婚後40歳少し前ぐらいまでは奥様らしい格好 / 35歳くらいからベンチャー企業に勤めて好きなものを買い漁る / 40代後半で離婚後は反動で買い物に加速
	現在	華やかな感じのライフスタイル提案をする仕事柄オンは華やかに、オフは手ごろな価格のもので差をつけたい

TYPE5 海外大好きお嬢

名前		ユミコ（仮名）
年齢		49歳
出身		大阪府 / 現在神戸市在住
職業		輸入業
ファッション歴	背景	8歳から体操を始め、15歳から器械体操で米国留学 / 41歳で4回目の結婚 / 18歳までは親と、留学中もホストファミリーと買い物 / 雑誌は『Popteen』『mc Sister』『anan』→『Vingtaine』→『25ans』
	学齢前 小学校 中学校	小中は近鉄デパート / ベベ / 小学生からナイキやアディダス / 中学生の頃CABIN / その後MILK、ヴィヴィアン・ウエストウッド、DCブランド
	高校	留学先はテネシー州の私立校でジーンズNG / 白シャツ×タイトスカート×ヒールやフラット×長ストラップ革バッグ
	高卒後～20歳	20代前半は年1回ミラノのセール / 20代後半は3ヶ月ごとに1ヶ月の休みをとり海外で買い物 / イヴ・サンローラン / グッチ / マックスマーラ / フェラガモのバラは20足
	20代	アンティーク仕入れでロンドンとパリに年5~6回 / シャネルを着てヴィンテージのシャネルを日本に輸入販売
	現在	乳がん治療後太り、ゆったりしたAラインや芯なしスカート / 海外サイトで買い物 / インソールスニーカー愛用、車ではヒール靴

TYPE6 パンク家出娘

名前		エツコ（仮名）
年齢		48歳
出身		広島県 / 現在福岡市在住
職業		契約社員 / 既婚、子ども1人
ファッション歴	背景	母は没落した家のお嬢さま / 実父が実業家 / 母の再婚相手である義父は大手企業のサラリーマンで堅実 / 実父の援助もあり中学生までは着物を作ってもらったり贅沢三昧
ファッション歴	学齢前	ファミリア
ファッション歴	小学校	ドゥ ファミリー
ファッション歴	中学校	中2で家出するまでは親が許してくれるドゥ ファミリーやCABIN / 音楽シーンがらみでパンクルックやBA-TSU / ブラックを通販で購入 / 『ROCK SHOW』『音楽専科』『宝島』を愛読
ファッション歴	高校〜20歳	高校は全寮制のお嬢さま学校に入れられたが16歳で脱走 / このままじゃいけないと塾通いを始め受験勉強、サーファースタイルに / 17 〜 18歳は『JJ』『Fine』を愛読 / オトコ受けスタイル / 20歳で大学入学
ファッション歴	20代	女子大生ブームに乗りバイトで稼ぎつつも、22歳で東京のサブカルチャー友だちに出会い原点を思い出しサブカル活動 / 24歳1回目の結婚、夫と共にロンドンに通う / 就職先を退職後、IT業務派遣先で現夫と出会ったのは26歳 / トゥモローランド / イエナ / スピック&スパン / ラルフ ローレン / 雑誌は『Oggi』
ファッション歴	30代〜40代	31歳で出産、以降10年間は、GAP、ZARAなどで、お金をかけないスタイル / ほかにニーム / ハリス / セントジェームスなど
ファッション歴	現在	43歳から再び働き始めた / HUMAN WOMAN / アングローバル / ドレステリア

TYPE7 隠れロックお姉

名前		ユカ（仮名）
年齢		55歳
出身		福岡県 / 現在も福岡県在住
職業		歯科衛生士 / 既婚、子ども2人
ファッション歴	背景	小学生のときから洋楽が好き
	学齢前 小学校 中学校	中1でベイ・シティ・ローラーズに出会い、タータンチェック、ロングマフラーにハマる / 中2でパイロット、スティックス、カンサスにハマる / 中3でセックス・ピストルズにハマり、安全ピンスタイル / 雑誌は『MUSIC LIFE』『音楽専科』『rockin'on』を愛読
	高卒後〜 20代	高3から『anan』『クロワッサン』『Olive』『宝島』 / YMOの影響でテクノカット / コム デ ギャルソン / Y's / インゲボルグ / バブル時代は福岡市の歯科衛生士の学校に入学 / ハリウッドランチマーケット / F.O.B COOP / 文化屋雑貨店 / ドゥ ファミリー
	20代	20歳で就職 / ワンレンのきれいめスタイル / 黒の上下でジョッパーズで黒縁めがねなど / 26歳で結婚 / 29歳で1人目出産
	30代〜 40代	無印良品、ユニクロに救われる / 43歳で再び働き出す / マーガレットハウエル / イエナ / スピック&スパン / 45rpm / ZUCCa / サンシャイン・プラス・クラウド / エンジニアドガーメンツ
	現在	『暮しの手帖』『BRUTUS』『FUDGE』『&Premium』を愛読

あなたの履歴書

名前		
年齢		
出身		
職業		
ファッション歴	背景	
	学齢前	
	小学校	
	中学校	
	高卒後～20代	
	20代	
	30代～40代	
	現在	

三つのおしゃれファクター

私たち世代がおしゃれに向かった背景には、三つのファクター（要因）が存在します。

一つは、親が厳しすぎるかお金がなかったかで好きなものが買えなかった反動。自分のお金を使えるようになってから、おしゃれに興味を示し始めます。

もう一つは、おしゃれな親の影響。親がおしゃれだと自分がそれほどではなくても普通よりおしゃれ偏差値が高くなります。

残りの一つは、どちらにも当てはまらず、普通に生きてきたのだけど、バブル時代、世の中が浮かれていたうえに、何しろ雑誌が百万部近く売れていたものもあったから、その波をかぶっちゃったこと。

三つ目がいちばん時代を表しているかもしれませんね。今回話を聞いたみなさんも、このファクターがいちばん多いんです。

普通の人生でも、バブルの波をかぶっちゃって、ＤＣブランドとか買っちゃって。誰でもある程度服にお金をかけていた時代でした。それが今の子たちと違うところなんです。今の子って本当に買わない。買ったとしてもＧＵとかがあるので、そんなにお金をかけなくてもおしゃれができますよね。

私たちはそこまでおしゃれ好きじゃなくても、雑誌の影響も重なって、みんなが「おしゃれじゃなきゃいけない」と思っています。

トークショーでも、「自分はおしゃれに見えないのでは？」とか「なぜ雑誌のモデルみたいになれないの？」と悩む声が多かったのです。まるで呪いをかけられているみたいに。

では、私たちは〝**おしゃれの呪い**〟をかけられてしまった、かわいそうな世代なのでしょうか。

確かに呪いはかけられているけれど、もちろん、かわいそうなだけではありません。その分、失敗したりして「ファッションの月謝」、お勉強代を払ったからバブル・フォースがあります。バブル・フォースは、〝おしゃれの呪い〟も吹き飛ばしてくれます。

ファッション歴とその活用術

三つのファクターを踏まえたうえで、ここからは、話を聞いた方たちの例を交えながら、バブル世代のファッション歴を振り返ってみますね。

そして、経験してきたことを、今の時代にどう具体的に活かせばいいのか。そんな活用術にも触れていこうと思います。

[子ども時代は親の言いなり]

サエさん、アヤコさん、ユミコさんは、実家が自営業や中小企業経営、イズミさん、ヨシコさんはサラリーマン家庭、エツコさんは実父が実業家で養父が堅実なサラリーマン、ユカさんは父親が歯科医で、それぞれ経済的には不自由のない子ども時代を送っています。服から靴まで親がデパートやファミリアにいっしょに行って買い与えてくれたり、手作りしてくれたりしたそう。

私たちは子ども時代、着せ替え人形的に服を着ていましたよね。親だけでなく祖父母にもデパートに連れていかれて彼等好みのものを買ってもらいました。私たち、革靴だって持ってましたよね。

子どもの革靴なんてすごく贅沢です。だから着飾り癖がついてるんです。イイもの癖と言ってもいい。いい意味でも悪い意味でもきちんとしたものを揃えなきゃという後遺症が残っているんです。

今はいろいろお金がかかって大変なので、親は子どものものをそれほどデパートで買いません。私たちの時代より減っています。小さいときから安くてカジュアルなものを着て育った今の子たちとは、そこも違うんです。

［中高時代のおしゃれの目覚め］

イズミさんは中学まで、ユミコさんは高校まで、親やホストファミリーが買ってくれたり、いっしょに買いにいってくれたり。サエさんは中学からすでに**ピン**

クハウスやコム デ ギャルソンを着ています。エッコさんは親の前ではCABINを着ていて、音楽シーンではパンクファッション。ユカさんは中学で、スコットランド出身の人気アイドルグループ、ベイ・シティ・ローラーズにはまり、タータンチェックにロングマフラー。

中高のおしゃれの目覚めはそれぞれです。このころにどんな服を着たかでその後のファッションが変わります。ここがおしゃれ道の分岐点なんです。

服が変わるきっかけが音楽だったり、つき合っていた男性だったり、このころからすでに雑誌の影響もありますよね。

七人のうち四人が持っていたCABINも、同じCABINでも、シャツの衿《えり》が丸いのを買っていたのかボタンダウンを買っていたのかで、将来、好きな服に違いが出ているはずです。

学校の制服も侮れませんよ。セーラー服ならファンシー系の着こなしが得意に、ブレザーとスカートなら、ブラウスやシャツ系の着こなしが得意になったりもしますからね。

［女子大生スタイルの確立］

私たちのころは、やっと女性にも四大（四年制大学）という選択肢が出てきた時代。「四大出たら結婚は危ないよ」とさえ言われてました。「何でもいいから大学行っとけ」「行っとこうか」という今の若い子とはちょっと違いましたよね。女子は、高校卒業後就職するか専門学校か短大に行くかという感じで、服も進路によってそれぞれ。女子大か共学か、短大か専門学校かでも違いました。

ヨシコさんは就職したところでバブル。サエさんやユミコさんは、バブル時代にアルバイト先で上司の方にいろいろ買ってもらったそうです。当時高校生ぐらいのあなたもアルバイト先でそういう恩恵を受けたはずでは？

ブランドものが当たり前になったのはこのころですね。**一億総分不相応時代**（笑）。ファンシーケースってわかりますか？　ビニールでできた簡易衣装ケースです。「タンスはファンシーケースで**ルイ・ヴィトン**持ってて、両方ビニールだよね」って言ってすごくひんしゅく買ってた人もいました（笑）。日本国内でのブランドのステイタスがいびつになっている時代だったんです。四畳半のアパートに下宿していた苦学生でも**ルイ・ヴィトン**を持ってましたから。ブランド神話が始まり、ブランド本来の意味が崩壊しました。

被服係数が高かったですよね、私たち。今でもついうっかりお金をかけてしまうので、気をつけなくちゃ。

【女性誌黄金時代】

私たちほど雑誌を読んできた世代はないですよね。『ａｎａｎ』（マガジンハウス）『ｎｏｎ‐ｎｏ』（集英社）をはじめ、キャリア雑誌、モード誌もありました。『ＥＬＬＥ』や『ＶＯＧＵＥ』などの海外版モード誌は、銀座や青山の洋書屋とかで買っていました。そしていわゆる勉強系も出てきました。『Ｖｉｎｇｔａｉｎｅ』（現ハースト婦人画報社）や『Ｏｇｇｉ』（小学館）。ひざ下何センチの法則とか教え込まれましたが、いま考えれば人それぞれで体型は違うのに、まじめに勉強しましたよね。若いときは基礎学習中だから何とかなってましたが。モテ系は『ＪＪ』（光文社）で、サブカル系は『流行通信』（現ＩＮＦＡＳパブリケーションズ）など、読む雑誌で傾向がわかれていました。話を聞いたみなさんも、それぞれに愛読雑誌があっておもしろいですよね。

今でも道を見失ったら、若いときに読んだ雑誌でファッションの〝基礎教育〟〝義務教育〟を受けたことを思い出して。活かせると思いますよ。

【濃い店の濃い人たち】

昔はカフェとか喫茶店とか飲み屋さんにしても、今より店の特色が強かった。もっと濃い人がたくさん集まってましたよね。店によって客も特色が出てたと思うんです。中央線沿線ならヒッピーふうの人が集まり、原宿はおしゃれ系、赤坂、青山は大人で、深夜のディスコにも店に似合う感じの人がいました。新宿ゴールデン街はおじさんたちとつき合える文芸・演劇系の若者とかね。

ファッションでは、ヨシコさんやアヤコさんが通ったという銀座の**玉屋**は、コンサバお姉さんスタイルのメッカで、実は私もアルバイトしてたんです。

【意外とサブカル草創期】

今の若い子によってサブカル（サブカルチャー／一部の人々を担い手とする独特な文化）が始まったようにいわれていますが、私たちバブル世代が実は元祖、始祖鳥のようなものですよね。サブカル好きは『ビックリハウス』（パルコ出版）とか『宝島』（2015年に休刊）を読んでいました。十万部くらい部数が出ていたんですよね。今だったらサブカル、オタク的なものが、当時はわりとメインストリームで、意外とみんなサブカル誌を読んでたんです。地方に『パルコ』ができたころでもありました。サブカル魂は、私たちの中に地下水のように流れるものなんです。

このところ、私のバンド追っかけ仲間である家族持ちのお母さん世代が、今のバンT着たり、バンドにはまったりして、昔の憂さを晴らしているんです。GUのデヴィッド・ボウイTシャツなど。デザインが好きという人もいれば「昔着られなかったけどいまなら着られちゃう。安いし買いました。サイズもあるし（笑）」という人もいて。

いま四十代後半くらいだと、当時はレアもので、あまり売ってないし着られなかったと思うんですよ。着ていたら周囲の目もあったしね。私なんか昔近所で非行少女とまで言われましたよ（笑）。不良娘とかね。だから、いまバンT着るのもサブカルのリベンジ。それはいいと思います。許可します（笑）。

[海外大好き世代]

今の若い子と話しているときに、パスポートを持っていないと聞いて驚いたことがあります。信じられない。私たちって海外コンプレックスを持つ戦中戦後派の親に育てられたから「海外サイコー」「洋ものサイコー」という海外大好き世代。学生のころからパスポート取って、ハワイとかグアムとか海外に行ってましたよね。それから香港とかアジアブームがあって安いもの買って、さらに「やっぱりパリよね〜」「ミラノよね〜」って買い出しに。ユミコさんやエツコさんもそうだし、私もパリやニューヨークとかで買っていましたね。海外アウトレットも行っていました。

私たちはわざわざ海外で買い倒していましたが、今は海外に行かなくてもインターネット通販の〝ポチり〟で何でも買えますよね。そこが今の**ユニクロ**大好き世代との違いです。私たち世代のパリ・ミラノ大好きは、今の若い子たちの**ZARA**や**ユニクロU**大好きと相通じるところがあります。私たちのパリや香港などのアジア好きは、若い子の**GU**、**しまむら**好きと通じる気がします。

海外好きだった人が、いま自分はどこへ流れていけばいいんだろうと思ったら、ポチりしたりセレクトショップで買ったりするのもいいかも。でも、お金がある人に限ります。

【狩りのためのオトコ受け服】

オトコのために着られなかった服のリベンジというのもありますね。アヤコさんやエッコさんが二十代でどっぷり浸かった〝オトコ受け〟スタイルは悪いことじゃないですよ。狩りにいくときには、狩りに適した服ってあるわけです。オトコに合わせた格好ってあるんですよね。**ヴィヴィアン・ウエストウッド**捨てて**イヴ・サンローラン**着ることってあるのよね。

お姉さんに見える格好もアリでした。ヨシコさんの履歴書にあるように、W浅野に小林《こばやし》麻美《あさみ》さんと、立派な大人の女性がいたんです。大人っていってもみんな三十歳ぐらいでしたよね（笑）。背伸びした格好がもてたんです。私だって銀座の**玉屋**でアルバイトするときにニュートラスタイルで髪巻いていきましたから。そうすると時給が上がったんです（笑）。みんな年を重ねて自由になってからは

「私、**ヴィヴィアン・ウエストウッド**好きだった」とか「ロック好きだった」とかリベンジしてますね。

当時はそういう時代だったし、**オトコ受けスタイル**は、アメリカンコミックスの女性スーパーヒーロー〝ワンダーウーマン〟のコスチュームみたいに**戦う服**なので、私は否定しません。なにしろ私たちの時代は、女性が完全に自立するのが難しかった。生きていくために人生の伴侶を捕まえるという選択も普通のことでした。ただそれが本当に好きで着ていたのか、オトコ受け狙いで着ていたのか、それによって変わってくるんです。どういう目的で着ていたかわかると、それを今も続けるのか、もう着ないのかがわかると思います。

[子育て中はプチプラ]

いろいろ調査したんですけど、今の若い人は子育てのおしゃれお休み期間はたいてい**無印良品**とか**ユニクロ**でしのいでいるのね。そのあと**ユニクロU**とか、少し子どもの手が離れて自由に使えるお金が持てるようになったらセレクトショップとか。ユカさんやエッコさんのように、自分の好きな方向にシフトしていけばいいと思います。

［ロックンロール・ママ］

子どもが高校生ぐらいになるまでライブハウスに行けなかった人が、いまライブに戻ってきています。会社帰りやＰＴＡや学校の親子面談の後で来たとか。

ホント、見た目は品のいい彼女たちなんですが「トイレでバンＴに着替えてきます～」とかね。着替えるヒマがないからそのまま「オーオー！」と盛り上がってお目当てのバンドを見た後で「ご飯作りや洗濯に帰ります～」とか。今やそういうことも許されるので、一回手放した好きなことに戻ってくるんです。ユカさんやエツコさんみたいに。

ロックンロール・ママは一例で、**ヨガ・ママ**や**ランニング・ママ**、**タカラヅカ・ママ**の例もあるかもしれないし、とにかく何度でも戻ってきていい！　もう一回若いときに好きだったことをやりましょうよ。お母さんが楽しくしていたほうが、子どもだってうれしいのでは？

【女性キャリア服】

バブル時代は〝キャリアウーマン〟という言葉の出始めでした。雇用機会均等法ができたころで、総合職の人もいて。仕事服は武器で、鎧《よろい》みたいなところがありましたよね。

女性誌でも、キャリアのために装うっていうコンセプトがあったんです。私が『Ｏｇｇ・ｉ』のスタイリストを始めたころは仕事着にカットソーなんてありえなかった。みんなキャリアを目指してたから、バカにされちゃいけない、「女だから」って言われたくないと、ジャケットを着ていたし、年に何回もスーツの企画をやりました。それが変わったんです。アヤコさんは今や社長ですが、そんな彼女もいい感じで柔らかい印象でしたね。

子どもの手が離れ、仕事に復帰すると、同僚と世代が違い、何を着たらいいかわからなくなること、ありますよね。そういうときには、仕事服は無難な格好がいいんです。よく「働くときも個性を出せ」とか言うけれど、そんなこと言っていいのは二十～三十代の体力も気力もあるときだけ。

人生一段落つくと子育てが終わっても介護が始まったりするから、私たちの仕事服はもう制服だと思えばいいんです。制服っぽい服を買っておけば考えずに済みますよ。**働くときまでおしゃれしようと思わないこと**。自分で制服を作ってそれを着る。私の友人は靴まで一式ロッカーに入れておく。何のためかというと自由のためですよね。帰りにヨガに行くとか女子会行くときは、別の服を自由に着ていくんです。両方着られる服という、雑誌でありがちなのがいちばん失敗します。

私の知り合いの超仕事ができる管理職の彼女は、「私、服のセンスがないから」と言って、シーズンごとに**バーニーズ ニューヨーク**とかで店員さんのおすすめコーディネイトをそのまま数セット買っちゃう。アメリカの管理職もそうしてる人が多いそうです。だからヨシコさんの**ポール・スチュアート**は正解。**ポール・スチュアート**みたいなシンプルなものでも変わっていくので、彼女も何年かに一度買い替えてアップデートするそう。私はそういう人が管理職になるんだと思いますね。時代とシンクロしてるから。

【大人の古着】

最近の古着ショップにいくとたいがいうちにあったものが売られていますね

（笑）。以前はおばあちゃま世代のものでドキドキしたけど。古着って底をついちゃうんですよね。ここ三十年間くらいで、屋根裏や地下倉庫のフィフティーズからセブンティーズまでの古着という資源は、発掘され尽くしました。エイティーズものがなくなり、ナインティーズものまで出てきて「それってつい最近じゃない」と思うんですが、もはや二十年前（笑）。若い子から見たら私たちの世代のフィフティーズって感覚なんですよね。私の場合は「ああ、売らなきゃよかった」ってものがあるから「ちょっとね」と思うけれど、サエさんのように、古着が大好きだったらいいと思います。ただ、ちょっと足すとかにしないと、本気で昔のものを着てるとしか思われかねませんよ。

リベンジで買うのもありますね。「昔買えなかったものが出たよね」って。

古着屋が安いクリーニング屋を使っていると、石油くさくなっているので、私は古着を買ってきたら最初にクリーニングに出します。

［自然派・オーガニック志向の罠］

自然派もいいけど、本気でフランスの女優で動物保護活動家の**ブリジット・バ**

ルドーみたいになれるかどうかですよ。おばあちゃまになってシワとかも受け入れないと。ジェーン・バーキンも、彼女だから白いシャツを着ていても許されるし、彼女はわざとやりすぎないナチュラルな格好にすごく気を使ってますよね。だから、私たちはジェーン・バーキンになれるのかというと、なれないんです。

自然派といっても米国ミュージシャンのパティ・スミスは素敵です。パンクの女王の白髪は、すごくかっこよい。パティ・スミスの成功の理由は〝かっこよいパンクBBA〟になれたってことですよね。

オーガニックの罠は、手入れが肝心なこと。ユカさんみたいに気を使っていればいいんです。あるいはおばあちゃまとして開き直るか。おばあちゃまとしてよく手入れされていて清潔だと、逆に生きる望みがわいてきます。でもオーガニックだからって何もしないと、ミイラ化して森のおばあさんになってしまいます。森のおばあさんになりたいならいいですけどね。

自然とかオーガニックが普通だった大昔ってだいたい寿命が六十～七十歳ぐらいで、八十歳までいってなかったと思うんですよね。そこまでわかってそれでもいいのなら、自然派オーガニックでもいいと思います。でも、ゴマとナッツだけのヴェジタリアンで八十歳まで生きられる強い遺伝子があればいいけれど、今なら肉食で八十歳まで元気な方も多い。だから自然派やオーガニックは趣味の範囲内で留めるのが正解。今の時代の気分でオーガニックや自然を楽しんでください。

[プチプラかミニマルか]

家にお金かけちゃった人にミニマリズム（完成度を追求するために装飾的要素を最小限まで省略する表現スタイル）が多いんですが、それは服にかけるお金がなくなっちゃったから（笑）。それはそれでいいと思います。なぜなら使えるお金には限りがあるから。よっぽどお金持ちでない限り、お金をどこに使うかは当人次第です。ただ、ミニマリズムでアップデートしているならいいんだけど、ミニマリズムに逃げちゃいけない。

プチプラ（安くてかわいく手に入りやすいこと）を買う時は特にはバブル・フォースで高いもののセンサーを働かせればいいんです。安く見えると思ったらやめましょう。触ってみてゴワゴワ肌触りのよくないものもNG。ワンアイテムあればいいんです。ラグジュアリーブランドに言えることは、プチプラにも通用するんですよ。全部プチプラで揃えようと思ったら、よっぽどのセンスがないと難しいですね。イズミさんのように、手持ちの服とうまく組み合わせるといいんです。

BUBBLE FORCE
COLUMN
#003

オトコとファッション

「オトコ受け服」の話にもつながるのですが、私たち世代は、二十〜三十代ぐらいまで、つき合うオトコによってファッションが変わりましたよね。今よりも、男性と行動することが多かったからかもしれません。

だから、行く場所と人によって自分のファッションが変わっちゃった。オトコといっしょのときと、女友だちといっしょのときではファッションが違うとか。でもそれは悪いことではなくて、そういう時代だったから、仕方がないんです。

ただ、そのために、これまでの人生で一回、ときには数回、本当に自分の好きなものとは違うファッションに染まるときがありました。オトコのおかげでスタイルの羅針盤《らしんばん》が狂っちゃうときがあったんです。

それはそれで、独り身だったらしなかったこととか、普段自分が着ないものを着られたから、おもしろい時代として笑い飛ばすぐらいの気持ちでいいと思うんですけどね。

今回、話を聞いた女性たちのなかには〝オトコは洋服〟みたいな方たちもいました。オトコが脱ぎ捨てられているというか、男は動くアクセサリーというか（笑）。

オトコに合わせたことによって、吸収している部分があるんですよね。マンガの「寄生獣」じゃないけど、オトコに宿った感じで全部自分のものにして次の段階にいく。だから話を聞いた方たちのなかに夫のことを「うちの主人」と呼ぶ方はいませんでした。

仮に「うちの主人」と言っていたとしても、やっぱり四十～五十歳ぐらいになると変わってきます。いろいろ吸収して自分を確立するからですよね。

要するに、オトコによってファッションが変わってきたことが悪いというのではなくて、そういうふうにオトコを利用しただけの時代があったとしてもいいんじゃないかと。長い人生のステップアップのための肥やしというか。男によってファッションが変わるということは、フェミニズムに反することではない。もはや男尊女卑を越えてますよね。

第四章

いく子のおしゃれメソッド

いく子の
オシャレメソッド
タイツは快楽!!
1足5000円でも出す価値アリ!!
ガードルとかめちゃくちゃ進化してるから!!
下着も惜しまずアップデート!
体型もアップデートできますよ!
定番アイテムは難しいお年頃…。
プレーンなTシャツ、白シャツ、黒パンツ。
黒いパンツをはく時はシンプルにまとめずトップスは個性のあるモノを!

色を見直そう!!
しっかり顔色に合わせてみる。
少し色味が違うだけで途端に似合わなくなっちゃうのよ〜!
それでも「この色がスキ!」という場合は顔から遠い位置で取り入れて。
×
○
服ではNGな明るすぎる色はバッグなどの小物で取り入れるべし
目指すはナイス&カジュアルな最新型の素敵なおばさま
ワイドパンツはヒールと合わせると古くさく。今はフラットなシューズ、スニーカーに合わせて。
理想はブリジットさん(67)よ!!
FRANCE
マクロン大統領

もはや「ブランド」は深追いするな

私たち世代は、かつて好きだったブランドが今も似合うかっていうと、もう似合わないことが多いですよね。時代も自分も変わっているから。

若い子はいろいろ買えるけど、私たちは事情が多様化しちゃっているので、「一枚では足りないからもっと買おう」じゃなくて、「一枚あればいいじゃない」と思うことです。そうするともう少し大きな気持ちでブランドとつき合えますよ。

ブランド自体も、デザイナーが交代してますよね。**ジル・サンダー**のデザインを、もうジル・サンダー自身がやっていないように。ジル本人は、今ユニクロで「+J」というコレクションのデザインをしています。デザイナーが代わるのは当たり前。ブランドもターゲットがわからなくなっているところもあります。

だから「何で？」と思いがちなところを発想転換しましょう。

自分もブランドも時代も変わっているからそういうものなんです。好きなブランドでワンシーズンに一枚見つかればそれでいいし、なければ次にいっちゃいましょう。

自分が持ってるもののほうがいいなら、買わないこと。

ツイッターで流れてきた名言をご紹介します。

「あなたが高いと思うものがあったら、それを作っているブランドはあなたを購買ターゲットにしていない」

もはやそういう気持ちで割り切ることですね。何で高いのか、それはあなたに買ってもらわなくていいということ。そういう時代になってるんです。

ファンシーケースで**ルイ・ヴィトン**を持ってた時代の後遺症で、ついつい、ブランドのほうがすり寄ってくるものだと思っちゃうけど、それは幻想。なぜかあのときは買えちゃったけど。

今はそう考えないといつまでたっても不幸ですよ。

気分で考えるコスパ

ウエディングドレスを考えればわかるのだけれど、たかだか一回しか着ないとしても、持つことで、そのコスト分気持ちが上がるのであれば、買ってもいいんです。たとえ二十万円とか三十万円、下手したら百万円以上を一回に費やしてしまっても。写真にも残るしね。

買い物とはものにお金を払うのではなく、そのものを手に入れることで**「幸せな気持ちを買う」**ことでもあると思います。

たとえそれがほんの一瞬しか続かない幸せだとしてもね。

同じように、どうしてもブランドが好きだったら、財布やスマホケースとかを買うのをおすすめします。なぜなら毎日使うものだから。コスパ（コストパフォーマンス）がすごくよくなりますよね？　ブランド品は今、そういう小物にシフトするのが賢いと思います。

「え、お財布十万円？」と思っても、ちょっと計算してみてください。二年しか持たないとしても三百六十五日×二で割ったら、一日百三十七円。意外とコスパ最高ですよね？

ブランドとのつき合い方はそんなふうに考えるといいと思いますよ。

タイツは快楽

私はよく「タイツは五千円出してもいい」と言ってひんしゅくを買っています。確かにもっと安価で丈夫なタイツもたくさん出ています。でもあえて高級タイツをおすすめする理由、それは、タイツは、直接肌に触れるアイテムの一種で、そのなかでも、直接肌に触れる面積がもっとも大きいから。タイツをはいてどれだけ心地いいか、そうでないか……。もうこうなってくると、贅沢タイツは**密かな快楽**なわけです。だから、贅沢品で結構。

カシミヤのセーターと似たようなところもあるけれど、もっと安い値段で極上のものがタイツで買えるのなら、人生短いんだから、贅沢品が許されてもいいんじゃないでしょうか。意外と長持ちしますしね。

いま買うとしたら、インクネイビーやミッドナイトネイビーという黒に近い紺か、グレーですね。

タイツは本当にお金をかける唯一の贅沢品にしてもいいぐらい。国産、海外製を問わずだいたい四千円以上も出せば、脚を入れた途端、極上の快楽が味わえます。これは体験した人にしかわからない密かな楽しみですね（笑）。

もうタイツは快楽として買ってください。この年になったら。

快楽にお金を出すか、あくまで堅実にお金を使うかはあなた次第ですが。

下着で体型をアップデート

下着は、老け込みたくなければ、ブラジャーを毎年買い替えるとよいですよ。私の持論ですが、サイズは同じでも、胸の形には流行りがあって毎年変わるので、少なくとも三年に一度ぐらい買い替えると、今年の胸の形に見えるんです。不思議ですが、ときにトップスを買うより効果あり！

劣化がわかりにくいアイテムですが、買い替えると、アップデートした感じになるし、苦しくなかったりします。

たとえば最近は、私たち胸のお肉がやわらかく下がりやすくなったり、胸がグラマラスな人向けにサイドバンドがメッシュで太いものなどおしゃれなデザインも増えました。サイドバンドが太いと肉が上下にはみ出ず、きちんと収まるのでラクチンなんです。以前は太いものはいかにもオバサン向けでダサかったんですけどね。

今でも若い子用のブラのサイドや肩ストラップは細いものが多いですよね。そうすると食い込んじゃうんです。私たちは肉が柔らかくなっているので、あちこちに肉が動きやすいから。

ガードルもそうです。私もずっとはいていなかったんですが、先日、ちょっとはいてみたら、同じ服を着ても、すごくお尻が上がって見えたし、お腹の肉がはみ出なかったんですよ。暑くて蒸れちゃうかなと思ってたら「あれ？　丸一日はけたわ」と。ガードルも日々進化していてびっくりしました。

だから下着は、アップデートするに限ります。

気分も変わるので、これまで身に着けなかったアイテムに手を出してみるのも、いいかもしれません。

そうすると体型もアップデートできます。

Tシャツ、白シャツ、トレンチ問題

プレーンTシャツ、シンプル白シャツ、トレンチコート、細め黒パンツ。つまりこれまで定番として必ず出てきたシンプルなアイテムについてちょっとひとこと。

実は、ちょうど私たちの世代には難しいアイテムたち。かなり努力しないと似合わないアイテムなんです。なぜなら、私たちは中途半端な年齢だから。

もっとおばあちゃまになったら、フランスやイタリアの、日に焼けようがシミが出ようが平気なマダムたちのようになったら、味わい深くなるんですけどね。

それが、中途半端な年齢で、うっすら若作りを狙って、若い子と同じような感じで着こなしちゃうと、大変なことになります。〝抜け感〟じゃなくて、**〝間抜け感〟**にしか見えない（笑）。

どうして似合わなくなったかというと、顔が変化してしまったから。シンプルな服、若い子は勢いで似合っちゃいます。もっと年を重ねて、ちょっと魔女が入ってきて、おばあちゃま魔女になったら、開き直って着てもかっこよいんです。また似合うようになります。

私たちは中途半端なんです。顔もちょっとぼんやりしてきたし。そこにさらに「若見え」の呪いがかかっているし、若すぎるアバターもいるから（笑）、若い子と同じものを同じように着ちゃう。でも似合わない。似合わないのは当たり前なんです。

でも、絶対着てはいけないかというと、そんなことはありません。ストールを巻いたり何か足したり、そのもの自体の選び方で工夫したりすればいいんです。

シャツでもちょっとデザインが入ったものや、トレンチでもちょっと変わったデザインのものを選びましょう。黒パンツは、トップスを変える。キャンディスリーブとかレース使いなど、少し個性的なものを合わせてください。

全部定番でまとめようとするとうまくいきません。似合うのはぎりぎり四十代まで。しかも、四十五歳を過ぎても似合う人は稀《まれ》です。もちろんいますよ。でも似合うパーセンテージがガックリ落ちるのは当たり前。

理由は一つ。

自分が経年劣化してるから。

でも安心してください。

これからは、劣化ではなく、熟成へ向かいます。

たとえばブドウジュースを考えてください。

フレッシュなブドウジュースは美味しいですよね？

数日経つとフレッシュさでは味が落ちる。でもうまく発酵して、ワインとかワインビネガーになれば、それはそれでまた美味しくなります。

私たちはこのブドウジュースとワインやワインビネガーの間の段階。

つまり、発酵途上なんです。

だからもう、私たちは発酵するしかありません。フレッシュなブドウジュースには戻れないから。うまくいけばワインかお酢にはなれるんです。

でも今は発酵途上だから不味《まず》いんですね。

目指すはお酢でもワインでもいい。重要なのは、うまく発酵すること。美味しく熟成して、自由なおばあちゃまになりましょう。

目指すは**経年美化**ですね。

色使いの「ああ勘違い」

たとえばグレー。

よく見ると、同じグレーでも青っぽいグレーやピンクっぽいグレーなど、グレーにもいろいろある。肌のトーンにも違いがあるから、グレーが似合わないといっても、グレーのトーン次第。相性があるから、肌や顔に当ててみることです。

グラデーションコーディネートも、入ってる色味が微妙に違うと似合わなくなることもあります。グレー同士を合わせるときにも、トーンに注意。ベージュもグレーと同じです。

これは私もコーディネートで気をつけていることです。

ネイビーでも薄い色、花紺などは若い人向け。私たちは自分自身がくすんでいるせいか、濃い目の紺のほうがしっくりきます。もっと白髪になれば明るい紺が似合うようにかもしれませんけどね。今は迷ったら濃い目を選ぶこと。ボーダーに入っているネイビーにも注意して。

若い色

若作りして「老け見え」している人、ちぐはぐに見える人は、自分の年齢より若い色を着ちゃっていることが多いんです。おばあちゃまになれば熟成してるから、若い色を着てもおばあちゃまキャラでいけるけど、まだ発酵途上の私たちは、若い色を着ちゃうとすごく老けて見えます。だから「若見え」してるつもりが逆に「老け見え」になっちゃいます。

ピンクでもサーモンピンクとかちょっとひねってあるのは似合うけど、澄んだ色とか明るい色は、もう少しおばあちゃまになるまでお休みしたほうがいいですね。グレーヘアになったら、また似合うようになるかもしれません。

顔回りの色のポイントは、自分が好きでも「あれ？　ちょっと変」という色は顔から離してボトムのほうにもっていくと大丈夫。明るすぎという色はバッグとか小物にもっていきます。

昔のものにこだわっていると、暗黒面、すなわち〝老け〟という名の沼に落ちるので、気をつけてくださいね。

ところで、「カラーセラピストに選んでもらった色が自分はどうも好きになれない。どうしたらいいでしょう」と相談されることが最近多いんです。

年齢的にいろいろどうにかしなきゃって思うためか、みなさんパーソナルカラー診断をしてみるんですね。でも、選んでもらった色がどうにも好きになれない。着てしまうと気持ちが沈み、自分のテンションがついていかないわけです。

以前だったら「あ、そんなの着てみたらいいんじゃないですか。自分に似合うものがわかってよかったですね」と、明るく答えていました。

もしその質問者が、アナウンサーのように人前に出なきゃいけない仕事や選挙の立候補者だというなら、カラー診断に従ったほうがいいと思うんです。

でも、普通に暮らしているのなら、今までどおり、好きな色を着たほうがいい。五十歳過ぎたら、もう人の言うことをそこまで気にしなくてもいいんです。

なぜなら、服というのは、着てハッピーじゃないと、ハッピーに見えないから。似合うという色の服を着て「なんか今日ちょっと変だな」ってさえない顔をしているよりは、「この色、あなたに似合いませんよ」と言われても、「すごく好きな色だから気分がいい！」と思っていたほうが、素敵に見えますよ。

なので、カラー診断は、自分が似合う色を知っておくというのはもちろんいいんですが、自分が納得できなければ従わなくても大丈夫。

むしろカラーセラピストに聞いたほうがいいのは、自分の肌の色味なんです。肌の色味が黄味がかってるとか、グリーンやピンクがかってるとか。それによって、同じようなグレーやベージュでも、似合うトーン、似合わないトーンがわかります。

一生赤を着ずに終わる人生もあってもいいと思うんです。でも、八十歳になって、急に「赤が着たいわ」って思ったら、着ればいい。

色は気持ちです。

柄も同じです。急に柄ものが着たいと思ったら、着ればいいんです。「たまには違う色を着たほうがいい」とか、「差し色を使うといい」とか言う人もいるけれど、気にしなくていいんです。言った人があなたに何をしてくれるわけでもないんですから。

ただ、もしも気に入らない色の服が制服だったら、制服として諦めて着てください。お金を得るためなら仕方ありませんからね。

自分の気分、テンションに合う色、服が「自分に似合うもの」です。

二の腕は自分次第

さて、二の腕問題！（笑）

二の腕はもう、出すか隠すかどちらかです。出せる人は出しちゃっていいし。自分の写真を見てはっとしたら、何か羽織るなどしたらいいと思います。

毎日四時間エクササイズを欠かさないといわれている、あのミック・ジャガーの二の腕でさえ、最前列で見たら皮膚のハリがないんです。どこか老人っぽい。どんなにお金があって鍛えても寄る年波には勝てない。そういうことなんですよ。ミックのこの腕を見て人間の身体の限界を知りました（笑）。

それでもやっぱり夏は暑いし、ノースリーブでワンピースを着たい。そこで私が近ごろはまっているのが、筋トレというより、体の側面を伸ばすストレッチと、腋《わき》の下をがっとつかみ、四本指で固くなったところをガンガンもみほぐすこと。これを習慣づけるようになったら仕事仲間に二の腕が少し細くなったね（笑）と言われます。要はリンパを流すこと、体の排水口を掃除するようなことですね。

あとは袖口のデザインでごまかすという手もあります。

でも、結局は、自分が許せるか許せないかですけれどもね。

ヘアにこそ魔法を効かせて

ヘアスタイルも、ちょっと違うなと思ったら変えたほうがいいですね。ヘアも昔のようにならないからです。髪質も毛量も若い頃とは違うし、おでこの広さも違うんです。髪にうねりも出てくる。

ただ、雑誌を持っていって髪型を指定できるのは三十代まで。同世代の人でも、参考程度ならいいけど、たとえば「黒田知永子《くろだちえこ》さんみたいにしてください」というのは無理。頭蓋骨の形や髪の質や量、つむじなどは、人それぞれだからです。たとえ同じ美容室に行ったとしても、似た感じ程度にはなるけれど同じにならないのが当たり前ですよ。

私たち世代は白髪染めなので、ヘアカラーしていますが、何回も洗ってしまうと色味が変わってしまいます。根元も一ヶ月もすれば伸びるし、昔より持ちが悪いので、まめにチェックしてください。

それから、白髪を隠すために黒く染めすぎると、根元の部分が伸びてくるとくっきり白くなってしまって、分け目から白いラインができて目立ちます。そうするとかなり頻繁に染めにいかなくてはならないから、一段明るくしたほうが境い目が目立ちにくいしラクですよ。

次の美容院予約までに自分でリタッチして染める場合も明るめのカラーやヘアマニキュアなどにしておくと、プロが仕上げたいカラーに影響しづらくてよいみたいです。

髪のアップデートポイントは「艶」と「清潔感」「ボリューム」です。そこさえおさえてヘアケア剤を選べば大丈夫な気がします。

メイクの小ワザ

ちょっとしたことなのに効果が大きい――そんな知っておいて損ナシのメイクテクニックを、こっそりご紹介しますね。

【眉】

髪の色を一段明るくしたら、眉墨《まゆずみ》も一段明るい色を選ぶといいんです。グレーだったらライトグレーとか、ベージュもライトベージュとか。眉墨も明るくしておけば、髪とのトーンが揃うので、眉が浮かないんです。太めにかいても失敗しづらいです。眉ブラシで毛並みを揃えておくのもお忘れなく。

【アイライン・マスカラ】

アイラインは、黒だと自信がないという人はペンシルにしてもリキッドにしても、ダークブラウンにすれば大丈夫。マスカラだけは黒くても問題ありません。逆に老けて見えないのでおすすめです。ただし、ぱきっと描くとトーンの差がつきすぎちゃうので、ラインを引いたら綿棒か指でぼかしてくださいね。ドラッグコスメでもいろいろ出ているし、上まぶたはリキッド、下まぶたはペンシルがおすすめです。お手ごろ価格でいろいろ試してみて。同窓会など特別な時は、マスカラを片目最低二十回は重ねづけしてみる。いつも使っているものでもさらに迫力が出ますよ。二ヶ月に一度は新しいマスカラに買い替えるのもポイントです。

【コンシーラー】

コンシーラーはぜひ使ってもらいたいアイテム。ファンデーションを厚く塗らずにすみます。すべてをファンデーションでカバーするから厚化粧になるんです。目の下だけでなく、鼻の周りと口角に塗ると、老け感がなくなります。ただし、ほうれい線にはコンシーラーを厚く塗らないほうがいいですよ。コンシーラーがたまって深い渓谷ができて、よけいに老け顔になっちゃいます。厚化粧＝「老け見え」という法則をお忘れなく。薄く塗ってトントンとたたき込むのがコツです。

【アイメイク】

あまり器用ではない方むけのアイシャドウは、花王のオーブ クチュール ブライトアップアイズ535、ブラシひと塗りシャドウシリーズのブラウン系もおすすめです。下地クリーム付きだし、幅広ブラシで二色のアイシャドウを一度に塗れるからテクニックいらずでグラデーションが作れます。私たち世代にうれしい拡大鏡付きです。私も同色二個目をヘビロテ中。

【リップ】

唇の縦ジワって結構気になるものです。普段からリップクリームなどを下地に塗ってからリップを塗ると、すごくきれいに見えますよ。色で迷ったら大人コスメブランドのローズ系の色を選べばまず失敗はありません。

老眼用サングラスとだてメガネ

目がいい人でも突然メガネが必要になるのが私たち世代。スマホやメニューを見るとき、いちいち老眼鏡をかけるのは面倒だし、ババくさいですよね？　でも老眼用サングラスがあれば、「老眼鏡に掛け替える動作がおばあさんっぽい」といったお悩みや不便さが一気に解決します。

私のお気に入りのサングラスは、グラデーションで下のほうだけ老眼用レンズが入っているものを、レンズだけオーダーしました。あまり濃くせずに、ほどほどの色にしておけば、スマホも見えるし、眩《まぶ》しい日の光もカットできますよ。

サングラスだけでなく、最近は、だてメガネふうに老眼鏡を掛けている方も多いですよね。おしゃれに見えます。私たちギョーカイ人は主に**トム　フォード**を愛用中。黒ブチだてメガネが顔もひきしまって見えて人気です。
アラン ミクリや**プラダ**とかお好きなフレームに、**JINS**や**眼鏡市場**などで、レンズだけ入れてもらうこともできますよ。

メガネのおしゃれができるのは、私たち世代ならでは。年取ってこそ楽しめるんです。老眼になって「人生ツライ」と悲しむより、いっそ逆手に取って、**おしゃれメガネデビュー**をしてみてはいかがですか？

いつものスタイルも、メガネを今のトレンドものに変えるだけで、かなり上級なおしゃれさんに見えます。

靴も買い替えが肝

私たち世代の靴選びは、何よりもまず一日中歩ける、そして痛くないものでなくては。

でもラクだからといって、あまりにスニーカーしか履いていないと、二度と革靴が履けなくなるんじゃないかという恐怖が出てきますよね。だから私も最近は、中寸や低寸のチャンキーヒール（太いヒール）ですけど、革のヒール靴をときどき履くことがあります。

もちろん毎日は履けないので、普段はスニーカーをアップデートしながら履いています。

〝迷ったときは、全然違うものに挑戦しないで、同じものをアップデートしていく〟という法則は、靴でも同じということなんですね。

白のスニーカーを愛用しているなら、買い替えるときにも、また白いスニーカーの今年モデルを買うこと。また、違う色にするなら極端に形を変えないことです。いつもローカットなら、買い替えるときにもローカットを。

似たものでアップデートしていると、〝今〟に見えます。でも、どうにかしなきゃと焦って、全然違う新しいものを買ってしまうと、こなしきれず、逆にそこだけ浮いちゃう。もはや、まったく新しいものにチャレンジしてこなせるほど、気力と体力が残っていないから。

悪目立ちポイントになっちゃうんです。

そして「がんばっちゃってるな、この人」と見えてしまうんですね。

そういえば、私もこのごろ**コンバース**好きが復活して、買い替えながら履いているんです。昔は絶対にハイカットだったのに、今はローカットが好き。

ところがこの間、たまにはハイカットもいいなと思って、買ってみたんです。でも結局、全然履いていない。バランスや気分が昔と違うんですね。靴については新しい自分に慣れるしかありません。七センチヒールが履けなくなって二センチのローヒールになったということは、自分の脚が五センチ短くなったということなんです。八頭身、九頭身は若い子に任せておきましょう。でもご安心を。今では、美しいスタイルの基準も変わりましたから。ローヒール、ペタンコ靴でも楽しめるファッションにシフトしましょう。おしゃれは靴から。

どんなにキメても靴がダサイ、古いものだと一気に老け込みますよ。

おしゃれ混ぜるな危険！

ビュッフェでは、味に気をつけながら、混ぜないように盛り付けますよね。ファッションも同じなんです。

いくらイイものをたくさん持っていても、欲ばって全部混ぜたら終わりです。ビュッフェで好きなもの全部と欲ばり、酢豚の隣にお寿司を盛っちゃうようなもの。結果お寿司に甘酢がついちゃう残念な感じに。一つ一つはすごくいいのに、いっしょにしてしまうと味が変になるんです。

これって、実はバブル世代がやりがちな失敗。とくに**おしゃれ大好きな人**や**おしゃれにお金をかけてる人**、セレクトショップで買いまくっていた人がはまりやすい罠なんです。

対策は、「このお皿のメインを中華にする」と決めたら、ほかはそれを邪魔しないものだけにする。つまり、ベーシックものにするんです。そうするとメインがよりいっそう引き立ちます。

おしゃれ好きだけれどおしゃれじゃない人は、そこが解決のポイント。

おしゃれ混ぜるな危険！（笑）

あと一つ。

自分の持ち味、素材を大切に。

たとえば、冷蔵庫やパントリーに思いっきりイタリアンの材料——トマト、バジル、パスタしかないのに和食を作ろうとしてもたいがいは失敗しますよね？

うまくいくのは〝創作料理の達人シェフ〟だけ。私たちのファッションも同じで、今の体型、キャラを活かしてスタイリングすれば、素人でもうまくスタイルがまとまります。

今どきワイドパンツマジックの秘密

　このごろまた流行っているワイドパンツも、昔だったら、すごいヒール靴、ぽっくりみたいな靴を合わせて、脚長マジックなんて言っていました。

　ところが今はもう、**新しい美の基準**だから、フラットシューズで脚が短く見えようが、そのバランスでいいということになっています。

　それを認められないと、もう古い人なんです。

「私ヒール履けないから」とか、「脚が太く見えるから」と言う人がいますが、あなたの脚が細いか太いか、長いか短いかなんて、意外と誰も問題にしてませんよ。

それよりは、ワイドパンツをはいて、スニーカーを合わせていれば、「おばさま、かっこよい！」ってなるんです。「**ダサイ脚長オバサン**」より「**イケてる**〝**今どき**〟**おばさま**」です。

しかもワイドパンツは脚の七難を隠す！　腰のハリや太もものボリュームなどコンプレックスも隠してくれますよ。

いく子が指南　迷えるバブル世代のQ&A

第三章で話を聞いた七人の方々ほか私のトークショーで寄せられた、切実でタイムリーな質問に、今の私の答えを辛口トークでお送りします。

Q　〝センスある大人の女〟になるためには?

A　まず鏡を見てこれはダメだ、やりすぎだと思ったらやめること、そして二度としないこと。繰り返すとどんどん行き詰まるので、ダメで古いセンスは捨てましょう。私もときどき血迷いすぎて、外のウインドウに映る自分を見てア然。バランスを取るためにZARAに駆け込み、何か一枚ベーシックなものを買って着替えることがあります。もちろんダメアイテムは帰宅後、即刻、ゴミ箱行きです。

Q　コンサバなイメージを保ちながら、少し旬を取り入れる方法は？

A　同じように見えてもベーシックものも二〜三年経つと古く見えるので、アップデートしてください。それが旬です。コンサバでも、今の時代にシンクロしていなければ、毎年服を売ってる意味がないですもんね。旬を足すなら、ブレスレットとかちょっとしたアイテムで十分です。

Q　オトナのカジュアルを、お金をかけず完成するには？

A　マイベストコーディネートが一、二セットあるはずだから、迷ったらそのコーデをもう一度着ることですね。バリエーションを出そうと思わなければ大丈夫です。帽子、靴など小物を買い足してスタイルのグレードを上げるのも手です。

Q　鏡でBBAな顔と服のバランスを見るとイタい。解決法を教えて！

A　私も毎朝そう思います。BBAになっていく経年変化って、マンションの壁の汚れと同じで急にはやってこない、だから始末におえないんですよね。日々進行するんです。

賞味期限切れの食品を考えてみてください。まだ大丈夫と思って食べたとしてもお腹は壊しませんよね。でもヤバイと思ってやめるときもあります。それと同じです。自分の感覚を信じて。自分がヤバイと思ったらやめどきだし、イケると思ったらいっときましょう。人の意見にまどわされないで。

Q　ファストファッション以外にコスパのよいものはありますか？

A　実はファストファッションは、着こなす自信がない人は手を出さなくていいんです。安くても着なかったらコスパは悪いし、高いものも何十回と数多く着たらコスパがいい。そういう考え方にシフトするといいと思います。すごく高いものも着て気持ちが上がると思えたらコスパはいいんです。自信がある人はうまく使ってくださいね。

Q　お金をかけたほうがいいものは？　かける価値のあるものは？

A　お金をかけたほうがいいものは靴ですね、絶対に靴！　お金と気力をかけて探してください。何しろ靴を履かないと家の外には出られません（笑）。もっと靴にお金と愛をかけてください。

バッグはそこそこの価格のものでいいと思います。または私のようにブランドバッグを二年に一度だけ一個買ってほとんど毎日持つ。コートは気候によりますね。昔と違って、気候が読めないから。今は、痩せて見えるダウンがお手頃価格で比較的ラクに見つかるので今すぐ買っても平気。地域によっても違いますが、本格的に寒くなってきてからでもいいでしょう。

コートに関しては、ヒートテックなど防寒下着が登場したおかげで、無理して厚手カシミヤやファーに手を出さなくても、凍死は免れます（笑）。

Q　ピンとくる服がありません。どうしたらいいですか？

A　高くても安くてもピンとくる服がなかったら、買わなくていいんです。なぜなら、私たち世代はイイもの、高いものを見てきているから。あなたがないと思うなら本当にないということです。

自分が今持っている服と同じ色、同じ形で、着てみて今よりよかったら買う、

よくなかったら買わないこと。ましに見えるものを買いましょう。

昨今は十年後にどうなるかわからない時代だから「この二～三年で何回着るかな」「どれだけ愛せるかな」という基準で選べば大丈夫。疑問に思うものは全部やめること。若いときは何とかなったけど、もはや何とかならないんです。

Q　素材がよくて、適正価格でベーシックなものを品よく着るには？

A　似合う色味、合ったサイズ、清潔感をクリアしているものは、とりあえず品よく見えます。どれかひとつでも欠けていると残念な感じになります。とくにブランド以外を買うとき、私は素材のよさを実際に触ってみて判断します。指に素材分別センサーがついているみたい（笑）。あなたもバブル・フォースを使ってください。

Q　体型が変わってきているので、服選びのコツを教えてください。

A　今はオーバーサイズというのがあって、オーバーサイズがジャストサイズのものがあります。流行もののデザインを味方にして、ドルマンスリーブとかをうまく着こなすと、体型、ボディラインも隠せるので、チャレンジしてみましょう。よい時代におばさまになったと感謝して！

Q　すべてのアイテムで適切なサイズ感、きれいに見えるサイズ感は？

A　デザインでサイズを大きくしたり小さくしたりするのはデザイナーの自由。それがデザインというものです。だからサイズについては答えがありません。ただ、あちこちでお話ししていることですが、試着室に入るとき、自分が**Mだと思っていてもSとLも持って**いってくださいね。なぜなら、同じ身長、同じ体重でも、体型は人それぞれ。サイズ感は、着る人の体型にもよるので、着てみないとわからないからです。

Q　毎シーズン必ず買い足したほうがいいものは？

A　毎シーズンでなくてもいいからベーシックものは二～三年に一度買い替えてみるのもよいでしょう。基本になるものは黒いパンツでも何でも。買い足すのではなくて買い替えてください。似たようなものでも全然シルエットが違うので、全取っ替えしなくても一枚ローテーションに投入するだけで、全体が新しく見えます。

Q　急なオケージョンの服をZARAで探すコツはありますか？

A　確かに、ZARAとかは便利ですよね。ただZARAは着丈が短いものが多いかも。でも探すと中には長いものもあります。お店で探すのが面倒だったらインターネットで下見して。お店で、インターネットでチェックした写メを見せると、自分で探さなくてもスタッフが探してきてくれます。ZARAってオバサンにとっては樹海のようで、疲れますしね。店舗数が少ないけどCOSのほうがまだ着丈は長いと思いますよ。ともあれ、私はZARAを活用してます。

Q　履きやすくてきれいに見える靴ブランドは？

A　予算があるなら**マノロ ブラニク**や**クリスチャン ルブタン**、**ジミーチュウ**でもローファータイプを出していますよ。私もたまに買ってヘビロテしています。同じローヒールやフラットでも、この三ブランドを履いていると、いろいろな人に、どこのものか聞かれますね。**トッズやコールハーン**も、ヘビロテして履くか考えたらすごくコスパがいいと思います。少し当たるところがあるようなら、こまめにシューストレッチャーで伸ばすといいです。

Q　スカーフやジュエリーでオトナな着こなしをするには？

A　ジュエリーは、若いときに買ったゴマのようなダイヤモンドなどは似合わなくなっているので、もう少し気軽な、コスチュームジュエリーと呼ばれているものにチャレンジしてもいいと思います。着けすぎなければ大丈夫です。パールも、リアルではなくコットンパールだと、軽くて肩が凝りませんよ。私に本当に似合うジュエリーとなると予算オーバーだったりしちゃうので（笑）。でも買えないということは、それに選ばれてないってことです。

スカーフは顔にあてて顔映りがいいもの、全身鏡に映してバランスがいいもの。それに尽きます。そうすると大人に見えます。スカーフは顔映りがよくないものは諦めるか捨ててください。

Q　私たち世代におすすめのブランド、セレクトショップ、通販サイトは?

A　ファストブランドは、ファッション好きなら**ユニクロU**がおすすめです。一枚か二枚イイものが見つかると着こなしがおもしろくなりますよ。

ブランドにかかわらず、年取ると胸の位置が下がってきたり体型が変わったりするので、イイものが見つかってもサイズが小さすぎると思ったら、同じ感じの大きいサイズをインターネットで探しましょう。**ニーマン・マーカス**など海外デパートも日本向けのサービスを始めましたよね。一週間ぐらいで届きますよ。

セレクトショップなら、予算があれば、**ドゥロワー**、**ストラスブルゴ**、**プレインピープル**、**エストネーション**（私は六本木ヒルズ店）、**バーニーズ ニューヨーク**など。買いたいものが一シーズンに何枚も見つかるわけではないけれど、買う、買わないは別にして、今の気分がわかるので、私は行くようにしています。

通販サイトは本当にピンキリ。ただ、サイズに困っている人は海外通販サイトだと大きいものから小さいものまであるので便利ですよ。たまに失敗しちゃうかもしれないけれど。私は下着とかも海外サイトで買います。

Q　気に入っていた国内ブランドの路線が迷走中で困ります。どうしたらいいでしょうか？

A　国内ブランドも知らないうちにデザイナーが変わってしまうのでステディブランドを決めるのは難しいですよね。一シーズンに一枚イイものがあったら、それがステディブランドと考えてください。

Q　地方はBBA向けの服が少ないので、かぶらない方法が知りたい！

A　スタイルがかぶるのは、地方だけじゃなくて東京もそうですよ。かぶってしまっても着ている人、持っている人が違えば違って見えるので大丈夫。どうしても違うスタイルに見せたいなら手づくりするとかリメイクするとか。やりすぎるとまた別の方向にいってしまうので、ほどほどにしましょう。

Q　おすすめの情報サイトはありませんか？

A　今はインスタがファッションソース。迷ったら夏木マリさんでも渡辺満里奈《わたなべまりな》さんでも、おしゃれオトナ女史のインスタをフォローすると毎日楽しいですよ。

ホントに今それが答えだと思う。情報はインスタで。

Q　痩せて見えない、等身大の鏡はどこで買えますか？

A　私は、**無印良品**の、壁に付けられるタイプを買って玄関に取り付けました。寝室にも立てかけ式を置いてあります。**無印良品**や**IKEA**や**ニトリ**のものは痩せて見えないからほとんど大丈夫です。値段もまあまあ。ネットで買えばおうちに届けてくれますよ。**等身大の鏡なくして、おしゃれなし。**

Q　長年愛用したJ．Mウエストンのローファーのメンテナンスをしたいので、国内のいい靴の直し屋さんを教えて！

A　靴の直し屋さんはたくさんあるけれど、私は松屋銀座の靴売り場にある直し屋さんできれいに底の張り替えをしてもらいました。

ただ、どんなにうまく直しても前とは違っちゃいますよ。サイズ感とか。もちろん直して履くのはいいのだけれど、どんなにうまく直してもらっても履いてみると感じが違ってきちゃうのは覚悟しておいてください。**J．Mウエストン**の靴でも、買ったお店で何万もかけて直しても、やはりちょっと前と違うんです。
お金と時間をかけるにしても、そこだけは覚悟してくださいね。

Q　東京はおしゃれをするのに有利ですが、地方でのおしゃれはどうすればいいですか？

A　隣の芝生は青いですよね。服も今や、大きな駅前には東京と同じ店が入ったファッションビルがあるし、通販でも買えます。一人一台車を持っているので、移動手段としてほぼ毎日車が使える。だから地方の人は、ヒールが履けるんです。東京の人よりも長い間ヒールが履けるわけで、これは地方の人の特権。車で移動できる文化だからヒールのおしゃれ寿命が延びているんです。もはや地方の人のほうがおしゃれができる時代だと思います。ヒールってもともと働かなくていい、歩かなくていいという特権階級の象徴だったんですから。

私たちは若いときには何の疑問もなくヒールを履いて歩道を歩いたり、エスカレーターに乗ったりしていました。でも年を取ると**都会ではヒールはツライ**。地方の人は車で移動できるから、感じないかもしれませんが。東京にくるとおしゃれができないと嘆く方もいますよね。地下鉄が深すぎるとか、バッグが重いとか、まるで**毎日が軽い登山**とか。靴やバッグ問題は都会問題といってもいいですね。

私のトークショーは地方も多いから気がついたのですが、お客さまを観察すると結構なお姉さままでも七センチヒールを履いている方が多い。何で？　と考えたら**地方は車文化だから**。地方はおしゃれのマイナスポイントっていうけど、今はインターネットで何でも買えるし、むしろ地方都市のほうがプラス。純粋におしゃれ好きっていうか、おしゃれな人が多いですね。

よく地方の友だちとも話すのですが、東京は息をするだけでお金がかかる。何も買わなくても一日外出するだけで二、三千円はお金が消えます。一ヶ月で考えたら結構コワい。その分をおしゃれに回せる地方の人に嫉妬しちゃいます。

BUBBLE FORCE COLUMN #004

カジュアルナイスマダムを目指せ

誰もが今の仏大統領夫人ブリジットさんみたいになれればいいけれど、日本ではなかなか難しい。阻んでいるのはカワイイ文化、「若見え」文化だと思うんです。

ジェーン・バーキンは若作り気分が少し入ってはいるけど、なぜかイタくない。理由は、そこにカワイイ文化がないから。**カワイイ文化に乗れるのは三十代まで**ですよ。マダムになりたければ、カワイイ文化に乗るのもほどほどにするべきです。

たとえば夏木マリさんは、パンクだけれどマダムですよね。年齢もシワも隠さず、芸能生活四十四年、六十二歳にして初めて全国ライブツアーを敢行、パートナーとはチャリティーイベントを続け、ますますパワフルで、ホント、素敵です。

アメリカのシンガーソングライター、パティ・スミスもマダムになりました。この間ライブを観に行ったら、七十歳にして白髪のパンクおばあちゃまで、かっこよかった！

私のパンク好きを差し引いて考えたとしても、パティ・スミスや夏木マリさんはかっこよい。カワイく見せるどころか、若くも見せようとはしていない。そして時代とシンクロしています。年齢よりも時代感ということなんです。時代からずれてしまうと、古く見えちゃう。どんなに若作りしてもダメなんです。

若作りをしてても、古く見えてしまう。それがいちばん悲しいですよね。フリーアナウンサーの中村江里子《なかむらえりこ》さんや女優の後藤久美子《ごとうくみこ》さんもフランスにいるからいい感じで大人化しています。フランスには大人の女性文化がある。そこの差もあると思います。

結局、どこで人生の山を下りるか、どこで開き直るかなんです。私たちは、なかなか山から下りられないんですね。「若見え」にしがみついて、てっぺんにいたいと思っちゃう。それがマダムになれない理由です。誰もマダムに「若見え」は要求しないですよ。

山から下りたら、**マダムという新しい地位**を得られるからいいのに。とはいえ、今は昔と違って、美空ひばりさんのような立派な〝おばさま〟になれば、そこでマダムになれるわけでもないんです。それは昭和まででしたよね。

これからは、私たちが、自分たちで、最新型のかっこよいおばさま像を作らなければいけないんです。目指すのは、カジュアルなマダム。日本には今までなかった、新しいスタイルです。

［特別付録］

いく子のお買い物講座

ギョーカイ好きする!? ブランド

「私、近ごろ、全然服を買ってない」と言う人でも、私たちギョーカイ関係者は、職業柄か今でも結局、いろいろ買っているんです。私の場合、**バーニーズ ニューヨーク**で買うのは**エンフォルド**。**チノ**や**プレインピープル**、**ハイク**もいいですね。お金があったら**サカイ**。**ロンハーマン**も大好きだけれど、**エリン**以外高くてなかなか買えないのでストールなどの小物とか。トップスなら**ハイク**もいい。買いやすいものがたくさん入っています。このあたりを見れば何か見つかることが多いですね。靴で人気があるのは**ステラ マッカートニー**とか**マルニ**。ともにプラットフォームや中寸などは履きやすくてどんな服に合わせてもモードになります。

セレクトショップやインスタの通販で買える**コグ ザ ビックスモーク**もヘビロテ中です。

この間、同年輩のスタイリストたちと話していたら、昔はみんなすごく高い服を買っていたのに、今はやっぱり**ZARA**と**エンフォルド**だとか。「ええっ、私なんか、今日、全身**ZARA**よ」とか「私、**エンフォルド**が止まらなくて、気がついたら、クローゼットの中が、六割方**エンフォルド**」とか。ブランドものは高いし、形がおもしろすぎるから、今の時代**ZARA**とか**エンフォルド**、それに**エヴール**あたりがちょうどいいところなのかもしれません。

実は**ユニクロU**も人気です（笑）。もはや、プチプラ服を買うことは、恥でも何でもないんですよね。

お手持ちのベーシックスタイルに、一点投入するだけでも〝**今の気分**〟を味わえますよ。バッグや時計、ジュエリーは長年愛用しているブランドものを合わせてもオトナです。

迷ったら買うな

昔は、ファッションって一期一会でした。出会ったときに買わなかったら、もう二度と買えなかった。でも今はネットで探せるし、どうしても欲しいと思ったら、似たものが、すぐにほかでもどんどん出てきます。

だから、迷ったら買わなくていいんです。

縁があれば、絶対にまた、めぐり会います。

海外旅行に行って、お土産で、あのときあれを買っておけばよかったなっていうもの、ありませんか？　ベネチアングラスとか、イタリアの靴とか。

でもそれは思い出として一生残るんです。買わなかったということによって。買わなかった、手に入れなかった、素晴らしい名品として、心に残るわけです。

買っちゃったら、次の日割っちゃったりとか、靴は痛かったりとかってことにもなっちゃう。

〝もの〟ってそういうものなんです。バブルの人は取りあえず買っちゃうから、迷ったときは買わないこと。同じアイテムの**二色買いもダメ**ですよ。結局どちらか一色しか着ないことが多くありませんか？

私も買い物をしているときは脳内にものすごくアドレナリンが出ていて、普段とは違う興奮状態になっています。そんなときこそ一度売り場から離れてお茶でもして冷静になることにしました。一度クールダウンして売り場に戻る。それでも欲しいと思ったら買う。戻るのが面倒くさいと思ったり、売れてしまっていたら「縁がなかった」と諦めてくださいね。迷った時点で、そのものはどこか（価格とか、サイズとか）が自分にピンとこないものです。

セールもそうです。アドレナリン量はさらに倍かも！（笑）。必ず試着し、もし試着室に長い列ができていて少しでも面倒だと思ったら、それを買うのはやめましょう。

おわりに

いま時代は激しく変わっています。

スマートフォンの出現で私たちの暮らしは、黒船来航の江戸時代の終わりくらいに変化しました。スマートフォン＝デジタル開国といってもいいくらい。たとえ望まなくても時代は変わっています。気候だって予測がつきません。

平均寿命も延びましたよね？

「人生五十年」時代に生きた女性はある意味、幸せだと思います。

なぜなら四十歳を過ぎたら安心して中年からおばあちゃんになれたから。人生の頂点も二十歳くらいだったのではないでしょうか？

それが今は平均寿命八十歳から長生きすれば百歳もざら。人生の頂点も三十歳から四十歳くらいに移行しているのではないでしょうか？　還暦を迎えてもまだまだ先が長い。六十歳過ぎてもおばあちゃんになりたくない。そんな時代も、私たちを焦らせ、「若見え」にとらわれ、「老い」を恐れる原因の一つではないでしようか？

かなり前に、イラストレーターのみうらじゅんさんが「老いるショック！」という言葉をテレビで言っていました。私なんか、毎朝、鏡を見るたびに「老いるショック！」です。かといって白雪姫の継母のように魔法のリンゴで自分より若いきれいな娘を抹殺しに行くことはできませんよね。

でも安心してください。悪いことばかりではありません。

私たちを「ＢＢＡ」と罵っている若い娘たちも、三十年、四十年後には立派なババアになります。

人生が長くなり、激しく移り変わる時代にアラフォーやアラフィフ、アラカンを迎えた私たちにはよいことがあります。気軽に買えるファストファッションや海外ブランド、通販のおかげで予算問題やサイズ問題もかなり解決しました。

それを活かして今の「小綺麗《こぎれい》なおばさま」スタイルを、私たちで考えて作っていきませんか？

若く見える、必要以上に年配者に見えない。それは若い子と同じ格好、メイクをすることではなく、今の時代の私たちの格好、メイクをすることです。

いくら、外見を若く取り繕っても私たちが経験してきたことは消せません。若作りしようとしてやってしまいがちな間違いは、自分が若いころに流行っていたメイクやファッションルールにとらわれてしまうことです。それは若い子から見たら「過去の流行り」。映画『バック・トゥ・ザ・フューチャー』で、タイムマシンのデロリアンに乗って過去から未来に来た主人公みたいなものです。いま話題の八〇年代ネタも二十代、三十代の若い世代がやっているからシャレになるのです。

昔の栄光にすがりついてはダメ！

若く見える、ＢＢＡに見えないということは「今」とシンクロしているということなのです。

今の空気感を感じて生きる。

そうして美しく経年美化して楽しく生きればＢＢＡと罵られることもなく、逆に若い世代に「ああ、年をとるのも悪くないな」と希望を与えることになると思います。

人生は思ったより短い。

私の夏だってうまくいってあと二十回くらいだと思います。

今回インタビューに協力してくださった同年代のみなさまの話を聞いていて思いました。「三つ子の魂百まで」ではありませんが、昔好きだったスタイル、カルチャーなど今でも抜けられなくて好き！　それでよいのです。

今こそもう一度、自分は何が好きで、何がしたいかを思い出し、確認してみましょう。悔いがないように。

「人生」という名の山は登ったら下りなくてはなりません。

どう若いふりをして取り繕っても私は下山中、だったらなるべく楽しく美しく下りたいのです。

下手に「若見え」を狙って崖から転げ落ちないように注意しながら。

みんな「素敵なおばさま」を目指しませんか？

地曳いく子

文庫版あとがき

二〇一七年、この本を書いた時から約三年、今回改めてこの本を読み返してみて、たった三年でこんなに時代って変わるのだなと驚いています。

トークショーで出会ったクルーズ船通いを楽しみにしている方の話や、履きやすいブランドの靴の話など、コロナ自粛前とはおしゃれするにも状況が変わりましたよね？　前のように頻繁に旅に出たり、おしゃれをして外出したりする機会が減り、この夏はステイホーム生活、出かけてもせいぜい近所のスーパーなど。毎日家で洗えるユニクロのワンピースにＴＥＶＡのサンダルでほとんど過ごしてしまいました。というわけで、マガジンハウスから出した単行本に一部加筆、書き換えをしました。

今回文庫化にあたって、「若見えの呪い」と改題いたしましたが、「若見えの呪い」は世間からかけられているだけではありません。怖いことに、私たちが自分で自分にかけている呪いなのです。誰でも老けて見えたくはありませんが、度を越すと「若く見えたい」が「いつまでも老けないで若くいなくてはいけないという呪い」になってしまうのです。怖いですよね。

黒田知永子さんも解説でうまく説明してくれていますが、たとえ見た目を、整形や若い人向けの服などで武装しても、人間の中身である「魂」が老化すると痛々しい「若見えなんちゃってヤングコスプレ」の人になってしまいます。

コロナの時代を経験している今でも、日本社会の「若見え」強要文化は変わっていません。しかし、時代は今までとは確実に何か変わっていくような気がしています。ファッション誌を見ても世界のモードはすでに次の時代に進んでいます。ブラック・ライヴス・マター運動の影響もあり、アメリカ版『ＶＯＧＵＥ』の秋特大号〝セプテンバーイシュー〟は人種のるつぼ、マスク込みのファッションを提案しています。

島国に暮らす私たちがその変化を感じるのは難しいことかもしれませんが、変化していく世界に合わせて今もう一度おしゃれや生き方を考えてみる良い機会かもしれません。

「コロナ」という、世界中がハズレくじを引いてしまったような状況でいろいろ考えました。やはり、おしゃれは人に会って見せてこそだと思います。人に会わないとおしゃれをサボる、マスクをずっとつけていると化粧もサボる、ブラさえしない日々、もしかしたら、そんな日々は私たちを急速に老けさせているのではないでしょうか？　人と対面で喋らないから口の周りの緊張感がなくなり「マスクブス」になってしまう。こうなってくると「若見え」どころの騒ぎではありませんよね。

人に会わない日々や、ウキウキしたイベントがほとんどない今、おしゃれをサボってしまうだけではなく、気持ちも沈みがちです。気をつけなければいけないのが「魂の老化」です。

目指すべきは「若々しさ」ですが、魂がウキウキする楽しみを見つけること、時代とシンクロしていることが一番の鍵だと思います。これまでのような楽しみが少なくなってしまった今こそ、日常の小さな楽しみを一つ一つ積み上げて自分の魂を喜ばせてあげるのが大切だと思いました。

以前自著で「おしゃれは人のためならず自分のため」とか書きましたが、やはりたまには人に会って褒めてもらわないと張り合いがないです。先日、徒歩圏内に住むスタイリスト仲間とソーシャルディスタンスを保ちながら、久々に二人で食事をしましたが、彼に会うために久しぶりにネイルをしてターコイズの指輪をつけました。すると彼に会った途端、「素敵なネイル、ターコイズとあってる」と褒められ、気分がすごく上がりました。職業柄おしゃれに敏感な彼に褒めてもらい、本当に嬉しかったです。こんな小さなウキウキ感で気持ちが若くなったように感じました。


魂の老化に気を付けろ！

「若見え」より

です。

皆さんこんな時代ですが若々しい気持ちで元気に過ごしましょう。

無理してポジティブにならなくても大丈夫です。自分のペースで自分を愛して、自分をかわいがる。

そんな日々をすごすことが、今の時代を生きるコツかもしれません。

最後に、この本をつくるにあたって協力してくれた友人、編集の方々、全ての方に深く感謝を捧げます。

二〇二〇年九月

地曳いく子

解説

黒田知永子

いく子さんとは雑誌『ｅｃｌａｔ』（集英社）の撮影で出会いました。最初から弾丸トーク。私はといえば、鳩《はと》が豆鉄砲をくらったような感じでとりあえず聞く側に回っていた覚えがあります。こんなことを書くと「何言ってるの。あなただってしゃべっていたじゃない！」と怒られそうですが（笑）。

以来、ロケも含めてたくさんの仕事でご一緒しているうちに、人となりがわかってきました。二〇一八年にはいく子さんと共著の本を出したので、形になるまで、いろいろな話をしました。それもあって、より理解が深まった気がします。

仲の良いヘアメイクさん三人といく子さんと私の五人で「魔女会」という会を作り、数か月に一度、美味《おい》しいものを食べて喋《しやべ》るという楽しい時間を過ごしています。あるとき、「一番の魔女はいく子さん」と言ったら、「何言ってるのよ」と返されたので、あれ？　自分では思っていないんだなと（笑）。
スタイリストとして信頼を寄せているのはもちろんのことですが、一人の友人としても、とてもおもしろくていいなと思っています。間違いなく一番の魔女はいく子さんですが。

いく子さんのことばのチョイスは、とてもセンスがいいんです。撮影でも、洋服についてばかりではなく、世間一般的な話題までおもしろおかしく取り上げたり、その日のヒットの言葉を生み出して、みんなを笑わせたり。ことば選びが上手で、よくそんなことを思いつくよねという表現をするので、撮影現場は大笑い。そうして磁場のようになって周囲を惹《ひ》き付ける。ちょっとせっかちな「いく子時間」で回っていきます。ただ正直者なので、嫌なときや疲れた時は黙っているので、周囲にわかってしまいますが。

▼年の取り方の「お導き」

この『若見えの呪い』には、ロケバスの中や撮影現場や魔女会などで、いつもいく子さんが話しているようなことが書かれています。

たとえば「若見え」と「若々しさ」の違いとか。若々しいのはいいけれど、若見えはちょっと違っている場合が多いよねとか。

私もほんとうにそうだと思います。絶対に年は取るわけで、若く見られたいというだけでは、やり方を間違えてしまうんだろうなと思います。

たとえば初対面の男性に「私、いくつに見えます？」と聞く人がいますよね。これを聞かれた人は困るだろうなと。人それぞれですが、私は愚問だと思うんです。ではいくつに見られたいのかなと。

私なら逆に、「いやあ、お若いですね。四十代？」なんて言われようものなら、「うーん、ちょっとウソつき」と思ってしまう（笑）。ウソも何も、サービストークをしてくれているだけなんですけどね。せっかくの気遣いではありますが、もうそれで喜ぶような年ではないんです。

生きてきたことの積み重ねが「今」なわけだから、必要以上に自分の年を若く見せようとしないほうがいいんじゃないかなと、私は思っています。

自分の年は認めようよと。

いく子さんがこの本で書いていることも、そこに集約されるような気がします。自分のことをお話しすると、私はただ普通にこぎれいに年を取りたいので、実際より二、三歳若く見えるぐらいがいちばんいいなと思っています。

もちろん自分たちが一番正しいとは思わないけれど、自分の年を否定したら、今まで自分が生きてきた道を否定するような感じになってしまうでしょう。それはしたくないんです。

だから、「おばさんと呼ばれたっていいじゃない」という、いく子さんの考え方には、私もまったく同感。私たちはどこからどう見たって、おばさんだもの(笑)。

ただ、いく子さんも指摘しているように、すてきなおばさんとか、すてきな年寄りになるって、思っているよりも難しいことなんですよね。

整形で必要以上にシワを伸ばしたって、年を取っていることには変わらないんです。隠したところで、動作はおばさんなわけです(笑)。気がつくと老眼のせいでメニューを離して読んでいたり。

頃合いってほんとうに難しい。ここでやめておけばきれいなのに、まだやってしまうんだと思うこともありますよね。

服にしても、全身ブランドでまとめる場合だって、どこのブランドかわからないものをうまく組み合わせるのならいいけれど、はっきりわかるようなものばかりだと、トゥーマッチな感じになってしまう。

年を取るときにいろいろ間違えがちなことも、きっと同じようなことなんじゃないかなと思います。

どういうふうに年を取っていくかというのはほんとうに難しいテーマ。悩んでいるときには、この本が「お導き」（笑）になってくれると思いますよ。

▼ピークだった頃の自分は、今は昔

よくテレビなどで母娘が同じ服を着てヘアスタイルも同じで、後ろから見たらどちらが娘かわからないといった企画がありますよね。

もちろん娘とおそろいのものを着たってまったく構わないのですが、そこにうまく年相応のものを混ぜていくほうが、私はいいと思うんです。若い人と同じものを着ても若い人にはかなわない。結局はよけいに年を取って見えるから。

私たちの年齢ではやはり生地がいい服のほうが体のおさまりがいいんです。だから枚数は少なくてもいいから、若い人と同じ服にこだわらず、少しでも生地のよいものを選んだほうが、緩んだお尻や体をカバーしてくれると思います。


若く見えたいと願うのは、人生のピークを引きずってしまっているからだと思うんです。自分がもてたときとか、かわいかったときとか。一番褒められていた時期の自分を忘れられない。

いく子さんもよく「それは昔のあなたを褒めただけで、今のあなたではないの」と言っていますが、ほんとうにそうだと思います。

たとえば八〇年代風のロングヘアにしているとか。でも長くするなら徹底的に手入れをする必要があります。髪の毛も年を取るし、少なくなってきますから。

口紅の色を変えない人も意外といます。顔も変化しているのにね。

髪型も一番いいときのまま、口紅の色もいいときのままというと、古くさい以外の何ものでもなくなってしまう。この本でもまさにそれが危険と赤信号を出しています。

一方で、案外、スムーズに変わっていく人もいます。ちょっと髪を短くしたり、ちょっとパーマをかけてみたり。そういう人のほうがよっぽど若々しかったりしますよね。

もし変わりたいなと思っているのなら、まずは髪型を変えてみるのはいかがでしょう。なんといっても髪は絶対伸びるので、嫌だったら伸びるまで少し待てばいいだけなんです。

私も四十歳になるかならないかという頃に、イメージを変えようと思ってロングヘアを短くカットしました。髪型は額縁なので、一番変化がわかりやすいと考えたんです。

でも最初は勇気がなくて、ちょっと後ろを残し気味にしました。それが気持ち悪くて、次はばっさり。そうしたら、私の髪は量が多いので、実はとてもショートに合っているとわかりました。

若い頃はこの量の多い髪を太いロールブラシで一所懸命伸ばしていて、ほんとうに大変でした。それを思うともっと早く切ればよかったなと。

気を付けなくてはいけないのは、服や髪型やお化粧が変わらなくても、年だけはどんどん取っていくので、そのままでは年を取ったことが逆に目立っていってしまうこと。もしこの本を読んだときに、「私、もしかしたらちょっと当てはまっているな」と思ったら、そのときこそ変わりどきかもしれません。

▼自然な若々しさを求めて

私は若く見られたいというよりも、若々しくありたいと思ってきました。若い格好をしていなくても若々しい人ってたくさんいますよね。私はそちらのほうがいいと思っています。

若々しいというのは、肌に塗ることよりもまず、肌の手入れが鍵じゃないかなと思うんです。だから私は、仕事柄もありますが、手入れには気を遣っています。

それから、口角を上げるのもとっても大事。口角が下がっていると老けて見えるんです。うっかり家で仏頂面をしていると、たいてい下がっていますよ。鏡にふっと映った自分を見ると「こわい」と思うときがあります（笑）。

口角はなるべく上げて暮らしたほうがいい。顔の筋肉が下に落ちているか、上に上がっているかで若々しさが全然違うんです。私は一日に一回、口角を上げてみたり、口を大きく開けたり閉めたりして、顔の筋肉を動かしています。そういう自然なことで少し若く見えるのはいいことだと思っているんです。

私はじきに六十歳で、そこは変えられない。それを認めた上で、自然体で若々しくありたいなと思っています。

この本でいく子さんも書いていますが、フランスでは年は関係ないですよね。男性も女性も。

逆に日本人はものすごく年を気にする。とくに日本の女性はほんとうに年を気にする。何故《なぜ》だろう？　日本の男性は若い女の子が好きだから？（笑）

「女の人の年なんて関係ない」という男性もいますが、やはり男性は若い女性が好きですよね。

ただ、今は肉も熟成が流行《はや》っているくらいだから、人についても熟成のよさがきっとわかってくる、と思いたいです。

女優さんでも、顔にシワはあるけれど、格好いいなという人がたくさんいますよね。ちょっと顔をいじり過ぎてしまって、見ているこちらが「うーん」と思ってしまう人より、シワがあっても年相応にきれいにしている人のほうが、よほど格好いいと思います。それをひとくくりで「ばばあ」なんて言わないような世の中になるといいなと思いますね。

シワがあってもいい。それは自然なことで、すてきなことです。

いく子さんは還暦を迎えてからますますパワーアップしていますよね。

だからこのままいつまでもライブに行き続けてロックでいてほしい。

還暦のパーティでのいく子さんの挨拶の最後の一言を紹介。

「みんな飲んでる？　ロックンロール!!」

（くろだ・ちえこ　モデル）

本書は、二〇一七年十月、書き下ろし単行本としてマガジンハウスより刊行された『脱「若見え」の呪い〝素敵なおばさま〟のススメ』を文庫化にあたり、大幅に加筆・修正し、『若見えの呪い』と改題したものです。

本文イラスト／カツヤマケイコ
本文デザイン／アルビレオ
構成・編集協力／髙橋眞理子

集英社文庫

若見《わかみ》えの呪《のろ》い

2020年10月30日　第1刷

定価はカバーに表示してあります。

著　者　地曳《じびき》いく子《こ》

発行者　徳永　真

発行所　株式会社　集英社

東京都千代田区一ツ橋2-5-10　〒101-8050

電話　【編集部】03-3230-6095

【読者係】03-3230-6080

【販売部】03-3230-6393(書店専用)

印　刷　凸版印刷株式会社

製　本　凸版印刷株式会社

フォーマットデザイン　アリヤマデザインストア　　マークデザイン　居山浩二

ISBN978-4-08-744167-3 C0195